목회
마스터키

3단계 행정 목회 코칭

저자 박 운 암 목사

목회
마스터키
3단계 행정 목회 코칭

초판발행 2023년 11월 27일
지 은 이 박 운 암 목사
발 행 처 도서출판 지혜로운
출판등록 2011년 11월 10일 제327-2011-08호
주　　소 부산광역시 북구 의성로122번길 27
연 락 처 010.2775.0191
이 메 일 pppcge0191@naver.com

ISBN 979-11-86247-11-2

목회 마스터키

3단계 행정 목회 코칭

지혜로운
books of
wisdom

Contents

추천의글 황덕형 목사 서울신학대학교 총장 | 008

홍삼열 목사 한국 FT코칭연구원 원장, 한국코칭선교회 대표 | 010

저자의글 이 책을 내게 된 동기 | 012

이 책의 특징 | 015

세미나 후기 모음 | 018

 행정 목회

1 행정과 목회 | 022

2 목회 접근 질문 | 024

3 행정에 대한 오해 | 032

4 자기 행정이 우선 | 036

　1)신앙적 자존감 회복　2)교회는 하나님의 집　3)자기 진단의 선행

5 성경적 근거 | 047

　1)교회는 신앙 공동체　2)교회는 조직 공동체

6 원리 목회 | 056

　1)하나님 중심의 원리　2)인간 지향적인 원리

7 행정 목회 매뉴얼 | 067

　1)신앙 공동체 세우기 원리 행정

　2)조직 공동체 세우기 실천 행정

　3)실제적 행정 목회 매뉴얼

8 기획 행정 이해 | 077

　1)기획 행정의 필요　2)기획의 과정　3)기획자 하나님

코칭 목회 1 **코칭 이해** | 088

2 **필요와 배경** | 094

    1) 필요성 2) 성경적 배경 3) 신학적 배경

3 **코칭 사역** | 111

    1) 셀프 코칭 2) 코칭 질문

4 **코칭 실습** | 115

    1) 1단계 실습 총론

    2) 2단계 실습 각론

5 **시대 진단** | 120

6 **진단이 우선** | 125

    1) 진단을 위한 표준

    2) 진단을 위한 제언

 3단계 행정 목회 코칭의 실제

제1단계 **사랑** 행정 목회 코칭

1 **요약과 실습** | 132

2 **사랑 목회 출발과 질문** | 135

3 **성육신 목회 요구와 진단** | 140

    1) 성육신을 통한 하나님의 라이프 스타일 *Life Style*

    2) 성육신 목회의 요구와 자세

    3) 성육신 목회를 위한 사역과 진단

4 **목회 적용을 위한 진단과 실습** | 145

    1) 진단 2) 실습

5 **사역의 적용 사례와 도표** | 156

    1) 사역 분야

    2) 목회 자세

    3) 요약 도표

Contents

목회 마스터키 3단계 행정 목회 코칭

Contents

제2단계 **말씀** 행정 목회 코칭

1 요약과 실습 ㅣ 165

2 말씀 목회 출발과 질문 ㅣ 169

　　1) 말씀의 진단

　　2) 말씀 적용을 위한 대안

　　3) 말씀 목회를 위한 성경적 질문

3 목회 적용을 위한 진단과 실습 ㅣ 172

　　1) 진단과 해결책

　　2) 실습

4 사역의 적용 사례와 도표 ㅣ 181

　　1) 사역 분야

　　2) 목회 자세

　　3) 말씀 사역을 위한 대안 코칭

　　4) 요약 도표

제3단계 **확장** 행정 목회 코칭

1 요약과 실습 ㅣ 189

2 확장 목회 출발과 질문 ㅣ 194

　　1) 확장과 증식 목회의 근거

　　2) 확장을 위한 성경적 질문

3 목회 적용을 위한 진단과 실습 ㅣ 197

　　1) 점검 질문

　　2) 요구 사항

　　3) 인식과 대안

　　4) 진단과 해결책

　　5) 실습

4 사역의 적용 사례와 도표 | 210

　1) 사역 분야

　2) 셀프코칭 행정

　3) 관계 행정

　4) 기획 행정

　5) 조직 행정

　6) 소그룹 행정

　7) 요약 도표

4부 **행정 목회 코칭 종합**

　1 행정 목회의 종합적인 배경 | 230
　2 행정 목회 코칭 종합설계도 | 235

부록 **행정 목회 코칭을 위한 메뉴**

　1 그룹 코칭 설계도 | 238
　2 인성 코칭 대화 모델 | 240
　3 개인 신앙 스타일 진단 | 242
　4 공동체를 위한 코칭 도구 | 245
　5 기획을 세우는 과정 | 248
　6 행정 기획안 적용 사례 | 250
　7 성령 충만 체험 사례 | 264
　8 행정 목회 코칭연구원 안내 | 270

목회자들의
체계적인 지침서

황덕형 목사_서울신학대학교 총장

박운암 목사님께서 이번에 오랫동안 목회자들을 대상으로 강의해 오셨던 내용을 더 심도 있게 정리하셔서 소중한 글을 발표하셨습니다.

이 책은 현장의 목회를 위한 실제들과 원리를 기도중에 영감을 받아 성경 안에서 발견하고 그것을 정리한 것입니다. 목민심서와 같은 철학으로 평행을 이룬 책이어서 목양심서牧洋心書라고 부르시고 싶다는 자평을 하셨고 이는 매우 적절하고 확신에 찬 것이라고 보입니다.

책의 내용 속에서는 학문적 자랑이나 이론의 소개가 아니라 오로지 박운암 목사님의 목회자를 향한 따뜻한 사랑이 보입니다. 특히 후배 목회자들이 체계적이면서도 현실적인 도움을 얻을 수 있는 구체적인 지침서가 나왔다는 것이 귀한 일입니다.

행정 목회와 코칭의 통합이 가져오는 시너지 효과를 온전하게 적용시킨 실사구시의 책입니다. 눈으로 보고 귀로 듣고 손으로 만져 보는 것과 같은 실험과 연구를 거쳐 아무도 부정할 수 없는 객관적 사실을 통하여 정확한 판단과 해답을 제시하고 있다고 보입니다.

이 책은 목회에 놀라운 새로운 활력을 얻도록 기획된 저서라는 점에서 소중한 우리 성결교단의 자산이 될 뿐만 아니라 한국 교회에도 큰 자산이 될 것입니다.

아직 준비가 덜 되었다고 생각하는 목회 초년생, 더 배워야 한다는 부담감과 본인의 부족함을 느끼는 중년 목회자, 그리고 더 성장하기 위해 새로운 통찰을 얻고자 하는 중견 목회자 모든 분들에게 진지한 일독을 권합니다.

티칭 teaching이 아닌
코칭 coaching

홍 삼 열 목사_한국 FT코칭연구원 원장
한국코칭선교회 대표, 코칭 교수

저자는 40대 중반 서원기도에 순종하는 결단으로 중형교회를 내려놓은 용기 있는 목사입니다. 이후 상가 30평 교회를 설립하고 4백여 평 건축한 교회에서 행복한 목회를 하고 있습니다. 그는 뜨거운 영성을 소유한 목회자이자 목회 행정과 코칭의 전문가입니다.

오늘날 이구동성으로 목회가 어렵다는 말은 하지만 그 대안을 내놓지 못하는 실정입니다. 이런 상황에서도 그 역시 수 년동안 목회자로서 항상 고민하고 씨름하면서 목회자들을 세워가는 사역을 하고 있었습니다. 그 과정에서 교단 프로그램에서 코칭이라는 새로운 분야를 만나게 되었습니다. 이때 행정을 목회에 접목하듯 코칭을 목회에 접목하는 귀한 임팩트를 받고 3단계 행정 목회에 코칭을 접목시키면서 목회의 설계도를 그려낸 것입니다. 본인과 함께 수 개월간 전국을 순회하면서 원데이 세미나*One Day Seminar*를 진행할 때 작은 교회뿐만 아니라 중·대형교회 목회자들도 도전을 받고 회복되는 것을 보았습니다.

이 책은 저자가 지금까지 사역했던 세미나와 실습 내용들을 코칭의 관점에서 압축한 것입니다. 저자는 코칭의 핵심을 정확히 이해하고 행정 목회에 코칭을 적용시킨 매우 특출한 은사를 받은 목회자입니다. 코칭은 하나님의 형상대로 창조된 사람 속에 있는 이미 잠재된 가능성을 회복시키는 일입니다. 이 책은 바로 코칭 목회를 통해 이미 목회자들 속에 있는 가능성을 다시 회복시켜 줄 것입니다. 지금은 진리를 가르치는 티칭*Teaching* 시대가 아니라 스스로 깨닫고 발견하게 하는 코칭*Coaching* 시대입니다.

저자는 책을 소개하면서 정약용의 목민심서牧民心書와 비교할 정도로 목회에 잘 응용하고 적용한다면 훌륭한 목양심서牧羊心書가 될 것임을 확신하고 있음을 보게 됩니다. 이런 확신에서 나온 주제가 **목회 마스터키** *Master Key of Ministry*입니다. 목회의 열정이 살아있거나 영혼 사랑하는 마음이 있는 자라면 누구나 기대할 만한 책이라고 확신합니다.

책을 낸 동기

목회란 하나님 나라 확장을 위한 위대하고 거룩한 사역이다. 이때 목회자는 시대와 자신과 교회를 바로 진단해야만 한다. 정확한 진단Consulting으로 내게 맞는 처방전을 받아야 한다.

지금까지의 목회적 경험들은 소중한 목회적 자산이 되었다. 농촌 목회 3년, 중. 대형교회의 부 교역자 9년의 사역이다. 긴 역사를 가진 중형교회에서의 담임목회 10년 사역이다. 최종적으로 서원기도 순종으로 40대중반 교회를 설립했다. 서른 평 상가교회에서 4백 평을 건축하여 오늘까지 왔다.

그 과정에서 행정에 기초한 목회 행정을 연구하게 되었다. 또한 코칭을 목회에 접목하면서 목회의 새 지평이 열렸다. 이런 적은 지식과 경력으로 수년 간 전국적으로 교회, 노회, 지방회, 교역자회, 대학원, 동문회에서 강의를 하게 되었다.

2019년 AMCR 개원 후 2천 명 이상의 목회자들이 참여했다. 이런 관심의 확산은 모두가 하나님의 은혜요 시대의 요구였다. 이러한 상황에서 모 신학교에서 한 학기 동안 강의를 하게 되었다. 또한 세미나 내용을 실제로 활용할 수 있는 출판 요구들이 있었다.

신학 졸업을 앞두고 목회 현장에 나서는 목회자들의 마음을 안다. 자신의 목회적인 상황에서 적용시킬 수 있는 자료의 필요를 안다. 이 책은 목회자들의 옆에서 동행할 수 있는 길 동무가 될 것이다.

세미나와 학문적 이론으로 목회 실제 욕구를 채우기에 미흡하다. 목회자들의 경험담들은 도전은 되지만 오히려 더 위축감을 느낀다. 현실적으로 목회 한계를 극복할 만한 안내서를 찾아보기가 힘들다.

정약용의 목민심서牧民心書는 왕이나 관료들이 백성을 다스리는 내용이다. 백성들을 다스릴 때 알아야 할 기본 원리들과 실제적인 내용이다. 감히 목민심서를 쓰는 심정으로 목양심서牧羊心書를 내놓는다.

목회의 암울한 시대속에서 하나님께서 영감을 주신 것이 있다.

어느 시대와 상관없이
하나님은 이미
목회 원리와 실제에 대한
한 책을 쓰셨다.
그 책의 이름은 바로
성경이다

이때부터 성경에서 목회의 원리와 실제들을 발견하게 되었다.

은혜와 지식은 혼자 품기보다 타인과 공유할 때 가치가 있다. 비관적인 목회 환경일지라도 하나님의 역사는 멈추지 않는다. 하나님의 역사에 동참하는 마음으로 이 책을 내놓게 되었다.

목회에 바로 적용할 수 있도록

읽기 쉽도록 서술형의 글을 배제하고 짧은 단문으로 기술했다. 학자들 주장과 세미나의 자료들을 옮겨놓지 않으려 애를 썼다. 그러면 현장감이 떨어진 탁상행정의 책이 될 것이기 때문이다. 이유는 목회적 상황과 맞지 않는 경우가 대부분이기 때문이다. 마치 모든 교회와 목회자들에게 기성복을 입히려는 것과 같다.

다양한 목회적 현장 상황에서 맞춤형 목회가 필요한 시점이다. 목회자들이 세미나 참석 후 의기소침하는 것을 수없이 보았다. 자신의 목회적 상황과 맞지 않아서 상실감을 느끼기 때문이다.

이 책은 새로운 방법, 내용, 신학, 자서전, 성공사례가 아니다. 이미 성경에 제시된 내용을 교회 성장의 관점에서 정리하였다. 또한 신학교에서 습득한 내용을 행정과 코칭 시각에서 정리하였다.

교회 본질 회복과 목회 원리와 실제를 근본적으로 제시하였다. 삼위일체 하나님의 사역과 그리스도의 삼중직 사역의 원리다. 구약의 모세와 신약의 12사도들이 실행에 옮겼던 행정력이다. 최고의 코치이자 목회 샘플인 예수의 사역 원리와 방법들이다.

이를 위해 시대와 자신의 목회 상황을 진단할 수 있게 하였다. 이후 코칭적 관점에서 적용할 수 있도록 도와주는 안내서이다. 때문에 어떠한 목회자라도 쉽게 이 책을 목회에 적용할 수가 있다.

이 책은 크게 다섯 부분으로 구성되어 있다.

1부는 **원리로서의 행정 목회**이다. 행정 목회가 무엇인지 교회 본질과 원리를 중심으로 다루었다. 건강하게 성장하는 교회들은 철저하게 행정 목회를 적용시킨다. 행정력의 결핍은 교회의 건강과 지속적인 성장을 가로 막는다. 행정 목회의 뿌리는 철저히 성경적 신학적인 배경을 두고 있다. 구약 이스라엘 공동체와 신약 초대교회 공동체가 대표적 예다. 행정 목회는 신앙공동체와 조직 공동체인 교회관에서 출발한다.

2부는 **<u>원리로서의 코칭 목회</u>**이다. 과연 코칭 목회가 무엇이며 그 필요성을 실제적으로 다루었다. 코칭은 신학적이고 성경적이며 주께서 행하신 사역 방법이다. 삼위일체 하나님의 사역과 그리스도의 삼중직 사역이 근거이다. 또한 주님의 몸 된 교회가 성장하는 단계에서 필요한 도구이다. 코칭 목회를 위해 다양한 진단과 함께 실습사례를 제시하였다.

3부는 **<u>실제로서의 3단계 행정 목회 코칭</u>**이다. 단계별로 다양한 목회상황에 대한 진단과 해결책을 제시했다. 시작 전에 이해를 돕기 위하여 내용의 줄거리를 요약하였다. 단계별 상황에 따라 진단 결과에 맞도록 처방전을 내놓았다. 또한 대안 제시를 위하여 실제적인 실습 사례를 소개하였다.

4부는 **<u>요약과 3단계 행정 목회 코칭 설계 도표</u>**를 제시하였다.

부록은 **<u>3단계 행정 목회 코칭의 실제 자료와 사례</u>**를 첨부했다.

|세미나 후기 모음|

윤학희 목사 천안교회
행정을 목회에 실제로 접목시키는 소중한 우리 교단의 자산이다.
교단뿐 아니라 한국교회에서 행정 목회에 관한 최고의 목회자이다.

김형배 목사 서산교회
성결교단의 자랑이요 자산이다. 작은 교회뿐만 아니라 전도사 교육이나
목사안수 후보자들 교육시 모두 들었으면 하는 바램이 있다.

정진호 목사 서원교회
목회의 큰 도전이 되었다. 이 내용을 지식으로 끝나지 말고
모든 목회자들이 가능한 것부터 현장에서 적용시켜 나갔으면 좋겠다.

유윤종 목사 교육목회코칭선교회
3단계 목회 종합 요약 도표는 목회의 새로운 관점으로 획기적이다.

한선호 목사 신평교회
이미 알고 있었던 목회의 이론과 실제를
행정과 코칭 방법으로 접목하는 것이 성경적이고 신학적임을 확신하게 되었다.

김규태 목사 하늘사랑교회
제사장 사역이 사랑 목회 행정, 선지자 사역인 말씀 목회 행정,
왕적 사역인 시스템 목회 행정의 원리와 실제에 눈을 뜨게 되었다.

조정환 목사 헤브론교회

남은 기간의 목회 임기 동안 목회의 새 활력소가 될 것이다.

김구환 목사 평안교회

이미 알고 있던 목회의 설계도를 더욱 분명하게 그릴 수 있었다.
대중적 세미나보다 작은 수의 맞춤 실습에 집중했으면 좋겠다.

박석진 목사 파주교회

내 자신의 목회적 한계를 극복할 수 있는 새로운 용기를 얻었다

김상범 목사 전원교회

3단계 행정 목회가 그리스도의 삼중직의 사역임을 깨닫게 되었다.

윤봉섭 목사 충만한교회

개척 목회에서 원리와 실제를 적용할 수 있는 자신감이 생겼다.

한영희 목사 수원교회

30년 목회의 고민을 단계별 진단으로 분명하게 해결할 수 있었다.

정미영 목사 어린양교회

일찍 들었다면 더 좋았을 걸 그러나 이제라도 알게 돼서 기쁘다.

김현복목사 참된교회

선교적교회를 세우고 담아내는 그릇이 목회 행정임을 알게 되었다.

전태준 목사 영광교회

행정 목회 코칭이 왜 성경적이고 신학적인지를 확신하게 되었다.

목회
마스터키
3단계 행정 목회 코칭

1부 행정 목회

1. 행정과 목회

일반 행정과 교회 행정의 공통점

행정이란 1) 공동의 목적 달성을 위해 조직을 만드는 것이다.

　　　　2) 일할 사람들을 선별하여 역할을 부여하는 것이다.

　　　　3) 자원을 동원해서 이루어지는 모든 관리 활동이다.

위에서 정의한 일반 행정을 목회 현장에 적용시키면 이렇다.

교회의 공동 목적은 선교와 전도이며 하나님 나라 확장이다.

조직을 만드는 것은 당회 직원회 구역 기관 부서 소그룹이다.

일할 사람들을 데려온다는 것은 교회의 다양한 사역자들이다.

자원을 동원한다는 것은 영적 인적 물적 환경적인 요소들이다.

이런 것은 큰 교회만 아니라 작은 교회에도 행정이 필요하다.

교회의 규모와 행정 전담 직원의 유무 차이점만 있을 뿐이다.

때문에 작은 교회 목회자일지라도 행정을 바로 알아야 한다.

요약하면 행정 목회란 교회의 공동 목적을 위해 모든 자원들을

관리하고 움직이게 만드는 행정적인 수단들이고 영향력이다.

행정과 목회자의 관계

행정과 목회자는 근본적으로 어원의 뿌리가 하나이다.
행정은 라틴어 Ad *방향*와 Ministry *봉사*의 합성어이다.
목회 *Ministry*와 행정 *Ministry*은 동일한 의미이다.
그러므로 백성의 지도자가 국민을 위한 봉사자이듯이
목회자들은 교인들을 위한 청지기요 봉사자인 것이다.

"행정하다"는 영어의 "administer"에서 나온 말이다.
이는 "관리하다, 집행하다"의 의미로 통치 행위이다.

교회를 세우는 과정에 가장 중요한 사람은 목회자이다.
어떤 사람을 목사로 세우느냐가 가장 시급한 문제이다.

목회자가 행정가가 되지 않으면 독재자의 위험이 있다.
목회자도 행정적 시스템에 의해서 목회를 해야만 한다.
그러므로 목회자는 먼저 철저한 행정가가 되어야 한다.

2. 목회 접근 질문

목회자들은 자기 스스로에게 언제나 정직해야만 한다.
정직함의 첫 출발점은 종합적 질문에서부터 시작된다.

자신에 대하여 목회상황에 대하여 사명에 대한 것이다.
교회에 대하여 말씀에 대하여 시대변화에 대한 것이다.

세상 기업들은 항상 다양하고 복잡한 문제에 직면한다.
어떤 문제들은 명확하게 해결하기 쉬운 방법들도 있다.
어떤 문제들은 복잡하여 해결하기가 어려운 것이 있다.

목회 역시 어디서부터 실마리를 풀어야 할지 고민이다.
복잡하여 대안을 찾기 힘든 다양한 문제들이 존재한다.

이때 문제나 사건에 대하여 도움을 주는 방법들이 있다.
바로 육하원칙 5w 1h 순서와 단계로 질문하는 것이다.

1. 누가 *Who*

2. 언제 *When*

3. 어디서 *Where*

4. 무엇을 *What*

5. 어떻게 *How*

6. 왜 *Why*

주제 : 3단계 행정 목회 코칭

1. 누가 해야 할까? *행정집행의 주체자*

　　목회자 또는 평신도 지도자

2. 언제 해야 할까? *상황에 따른 결정*

　　지금, 신년도에, 하반기에, 임직 후에

　　교회 자립 후에, 중형교회가 된 후에

　　비전을 세운 후에, 목표와 실천사항을 설정한 후에

　　코칭을 받은 후에, 교회 컨설팅을 받은 후 등이다.

3. 어디서 해야 할까? *주제 실행의 현장*

　　교회에서, 기관에서, 교회 밖에서

4. 무엇을 해야 할까? *목표에 따른 진행 과정*

　　　교회, 목회자, 신자, 지역, 시대, 영적 진단받기

　　　행정과 기획을 배우기, 개인 및 그룹 코칭을 받기

　　　교회에서 그룹별로 실습하기 등이다.

5. 어떻게 해야 할까? *원리에 따른 실제 대안*

　　　목회자가 행정과 코칭을 배우고 실행한다.

　　　교회적으로 그룹 워크숍과 컨설팅을 받는다.

6. 왜 해야 할까? *본질 회복을 위한 점검*

　　　하나님 나라 확장, 선교적 교회, 교회의 본질 회복

　　　교회 건강, 교회 성장, 자립교회, 중·대형교회

　　　코이노니아, 그룹 활성화, 평신도 사역 등이다.

3단계 행정 목회에 대한 셀프코칭

배경과 전제

인간은 하나님의 형상대로 창조된 최고의 걸작품이다.

하나님 형상대로 창조된 인간은 질문을 통해 발전한다.

목회자가 뛰어난 능력자라도 모든 것을 다 알 수 없다.
때문에 질문을 통해 점진적 순간적으로 깨우쳐야 한다.

사역에 두려움이 생기는 이유는 일을 모르기 때문이다.
모르면서 아는 척 하는 것은 교만이고 미련한 것이다.

쉬지 않고 기도하듯이 목회자는 쉬지 않고 질문해야 한다.
질문을 통해 알게 되면 두려움이 사라지고 자신감이 생긴다.

성경은 최고 지혜의 책이다. 지혜를 얻으려면 질문해야 한다.
성경에 대한 질문의 방법은 언제나 How가 아니라 Why이다.

지혜는 물음에서 발견한다.
코칭은 질문으로 시작한다.

이 책은 다양한 목회 상황에 대해 질문하는 것에서 출발한다.
나아가 코칭적 질문에서 대안을 찾기 위하여 기획된 책이다.

이에 목회자는 목회에 대해 두 가지 셀프 질문을 해야 한다.

첫째는, 왜 *Why* 목회를 해야 하는가?

　　신앙공동체가 하는 질문이다.

　　히브리적인 성경적 질문이다.

　　하나님의 일에 대한 질문이다.

　　목적과 의미가 담긴 질문이다.

　　본질과 원리가 담긴 질문이다.

둘째는, 어떻게 *How* 목회를 해야 하는가?

　　조직공동체가 하는 질문이다.

　　헬라주의적 과학적 질문이다.

　　인간적인 일에 대한 질문이다.

　　방법과 적용이 담긴 질문이다.

　　실제와 응용이 담긴 질문이다.

이 질문이 오늘날 목회자의 최고의 고민이 되어야 한다.

이 질문을 좀더 확장시키면 다음과 같다.

왜?

　　왜 하나님은 사람들을 사용하셨을까?

　　왜 구약의 모세는 지도자들을 세웠을까?

　　왜 신약의 사도들은 사람들을 세웠을까?

왜 행정 목회를 해야 할까?

왜 코칭목회를 해야 할까?

무엇?

삼위일체 하나님의 목회가 무엇일까?

성경에서 가르치는 목회가 무엇일까?

바울의 목회전략과 방법이 무엇일까?

어떻게?

하나님은 어떤 방법으로 일했을까?

구약의 모세는 어떻게 목회했을까?

신약의 사도들은 어떻게 목회했을까?

사역과 관련하여

작은교회는 어떻게 목회를 해야할까?

중형교회는 어떻게 목회를 해야할까?

대형교회는 어떻게 목회를 해야할까?

어떻게 설교를 해야 할까?

어떻게 은사들을 배치할까?

어떻게 평신도들을 양육할까?

어떻게 선교적 교회를 세울까?

어떻게 교회의 본질을 회복할까?

어떻게 말씀을 목회에 적용시킬까?

어떻게 조직을 목회에 적용시킬까?

어떻게 움직이는 시스템을 세울까?

어떻게 코이노니아를 목회에 적용시킬까? 등이다.

가능할까?

3단계 행정 목회 코칭 방식이 어디에나 가능할까?

개척교회. 미자립교회에도 가능할까?

복지목회와 특수목회에도 가능할까?

섬지역과 농어촌지역에도 가능할까?

다음 세대와 노년 세대도 가능할까?

도시에서 개척교회에서도 가능할까?

과연?

3단계 행정 목회 코칭 방식이 진정한 대안인가?

성경적인가?

신학적인가?

하나님의 뜻인가?

Master Key인가?

나는?

목회 행정가인가?

목회 코치인가?

목회 전문가인가?

사명에 충성하는가?

신자들을 사랑하는가?

설교가 행복한가?

레마의 말씀이 있는가?

말씀에 충실한가?

성경적 교회를 꿈꾸는가?

목회에 집중하는가?

시대를 옳게 분별하는가?

소명감이 확실한가?

교회 본질 회복에 힘쓰는가?

성령체험을 했는가?

3. 행정에 대한 오해

이 땅에 교회를 새롭게 세우는 것은 전적인 하나님의 뜻이다.
세워진 교회들이 건강하게 성장하는 것은 예수님의 소원이다.
교회를 부흥시키고 성장시키는 것은 전적인 성령의 사역이다.

하나님은 완전하시기에 행정도 질서도 시스템도 필요가 없다.
반면 사람은 불완전하기에 행정과 질서와 시스템이 필요하다.

창조 이전의 이 세상은 혼돈하고 공허한 무질서의 상태였다.
그러나 하나님께서 개입하심으로 세상에 질서가 회복되었다.
이런 새로운 창조 질서의 방식이 바로 하나님의 행정력이다.

오늘날 이 시대는 다원주의와 많은 이단들이 범람하고 있다.
시대적으로 가치관 혼란 속에 포스트모던 시대를 맞고 있다.
이런 환경에서 더욱 하나님의 새로운 창조 질서가 필요하다.
행정이란 바로 하나님의 창조 질서 원리를 적용하는 것이다.

신학교에서 행정을 목회에 적용하는 것을 가르치지 못한다.

목회에 행정력을 활용하는 구체적 대안을 제시하지 못한다.

오히려 일반행정을 그대로 수용해 인본주의화 시키고 있다.

때문에 행정을 목회의 장애물로 인식하여 무시하기도 한다.

행정을 오해하고 무시하는 이유

(1) 교회 행정에 대한 편견들 때문이다.

행정을 사무적인 잡무적인 일들로 이해한다.

목회자의 본질적 사역이 아니라는 인식이다.

교회가 세속화 될 수 있다는 위험성이 있다.

(2) 영적인 것에 우선권을 두기 때문이다.

행정은 인본주의 방법이라는 생각이다.

말씀과 기도에 장애물이라는 의식이다.

(3) 과학 문명에 대한 거부반응 때문이다.

신앙이 세상지식과 반대라는 의식이다.

복음의 순수성이 변질된다는 생각이다.

행정의 사용이 불신앙이라는 인식이다.

(4) 자기 주도성이 너무 강하기 때문이다.

　일반 신자들을 신뢰하지 못하는 사고이다.

　목회는 목회자가 하는 것이라는 생각이다.

　모든 일을 혼자 다 해야 한다는 의식이다.

(5) 평신도를 동역자로 생각하지 않기 때문이다.

　신자들을 신뢰하고 위임하고 분담하지 않는다.

　행정 시스템이 목회자를 감시한다는 생각이다.

　신자들을 영적인 어린아이로 인식하는 것이다.

일반 행정과 교회 행정의 차이

일반 행정의 목적은

　"인간 사회의 능력을 증진하는 데 있다"

　　인간중심

교회 행정의 목적은

　"하나님의 영광을 위한 도구이다"

　　하나님 중심

일반적 관점에서 행정이란

1) 단순한 조직이나 사무적인 일이 아니라
   개인과 공동체에 영향력을 끼쳐
   움직이게 하는 원동력이다.

2) 정책을 수립하고, 조직, 분담, 진행하고,
   지휘·감독·동원하고,
   훈련하고 집행하며 검토하는 것이다.

일반 행정의 좋은 점을 목회 행정에 응용하고 적용해야 한다.
행정의 긍정적인 요소들을 목회에 적용하는 지혜가 필요하다.

흑백논리의 배타적 인식을 극복하는 것이 지도자의 지혜이다.
이것들은 리더십을 발휘할 때 필요한 지혜로운 목회방식이다.

모든 교회는 그 규모가 아무리 작아도 조직과 시스템이 있다.
이런 이유로 신자들과 함께 목표를 정하고 목회를 해야 한다.

이에 조직들과 시스템을 운영하기 위하여 행정력이 필요하다.

4. 자기 행정이 우선

1) 신앙적 자존감 회복

자기 행정이란 자신의 본질을 찾고 자기 경영을 하는 것이다.
목회 행정이 세속적인 방법과 경영방식으로 변질되면 안된다.
이를 위해서 먼저 목회자의 신앙적 정체성이 분명해야 한다.

그 이유는 경건함이 목회 사역의 토대이고 기본이기 때문이다.
결국 목회를 하기 전에 자신의 신앙적 자존감 회복이 먼저다.

너희가 나를 택한 것이 아니요 내가 너희를 택하여 세웠나니
이는 너희로 가서 열매를 맺게 하고
또 너희 열매가 항상 있게 하여 내 이름으로 아버지께 무엇을 구하든지
다 받게 하려 함이라 (요 15:16)

"내가 너희를 택하여 세웠나니"

예수님은 제자들에게 먼저 신앙적 자존감을 심어 주셨다.
그리고 부르심의 확신 속에서 사명 감당하기를 원하셨다.

행정적인 지도력을 사용하는 자가 누구인가가 중요하다.
같은 행정이라도 세속적일 수도 있고 신앙적일 수도 있다.
신앙적 자존감이 분명하면 일반 행정도 목회 행정이 된다.

소명감을 통한 자존감 회복이 먼저

하나님의 뜻을 따라 그리스도 예수의 사도로 부르심을 받은 바울과
형제 소스데네는 고린도에 있는 하나님의 교회~ (고전 1:1-3)

사도바울은 소명감Calling을 통한 신앙적 자존감이 분명했다.
이는 부르심에 대한 확신이며 내가 누구인가에 대한 확신이다.
사도바울의 대부분의 서신 서두에서 이 부분을 언급하고 있다.

사도바울이 사도로 부르심 받은 것은 분명히 하나님의 뜻이다.
역시 우리도 목사가 된 것이 확실한 하나님의 뜻이 분명하다.

"그리스도 예수의 사도로 부르심을 받은 바울"

때문에 목회는 사명*Mission*보다 소명*Calling*이 우선이다.
소명감이 투철하면 상황과 관계없이 고백과 확신이 생긴다.

      달란트에 대한 확신과 도우심에 대한 확신이다.
      사랑받고 있음에 대한 확신과 자녀의 확신이다.
      쓰임받고 있음에 대한 확신과 은총의 확신이다.
      동행하심에 대한 확신과 능력에 대한 확신이다.

자기행정은 신앙적 확신과 신앙적 자존감이 우선되어야 한다.
그 결과 담대함과 감사와 감격의 마음으로 목회를 하게 된다.

자기 행정의 또 다른 필수 요소는 개인적인 레마의 말씀이다.
레마는 로고스 말씀중에서 개인적으로 받은 언약의 말씀이다.
그러므로 목회자는 레마를 잊지 말고 끝까지 붙잡아야 한다.

레마의 말씀을 받은 사람들은 모두가 하나님께 쓰임받았다.

   아브라함 네가 바라보는 모든 것을 다 주겠다
   요셉 부모 형제 모든 사람들이 너에게 절하겠다

모세 내가 너를 출애굽의 지도자로 사용하리라

사도바울 내가 너를 이방인의 사도로 사용하리라

이처럼 목회자도 부르심의 신앙적 자존감이 분명해야 한다.

그럴 때에 어떤 상황에서도 당당하게 사역에 임할 수 있다.

바로 이것이 영적인 자기 자존감이다.

바로 여기서 신앙의 멘탈이 세워진다.

바로 여기서 목회의 내공이 쌓여진다.

바로 여기서 목회적인 확신이 생긴다.

예) 유명 가수의 자존감 고백 :

무대 오를 때마다 "내가 노래를 최고로 잘한다" 라고 스스로 의식했다.

성경에서 하나님의 사람들에게 주신 신앙적 자존감들이 있다.

아브라함에게 주신 신앙적 자존감

내가 너를 축복의 통로로 사용하리라~

하늘의 별과 바닷가의 모래 같게 하리라~

다니엘에 주신 신앙적 자존감

　　　은총을 크게 받은 사람아~

　　　담대하라 평안하라

시몬에게 주신 신앙적 자존감

　　　너는 이제부터 베드로^{반석}라

　　　네 고백위에 내 교회를 세우리라

사도바울에게 주신 신앙적 자존감

　　　내가 너를 만세전에 택하였노라

　　　약하기 때문에 온전하여 질 것이다

쓰임 받은 사람들에게 주시는 신앙적 자존감

　　　너 하나님의 사람아~

　　　내가 너를 불렀다~

　　　두려워하지 말라~

　　　너는 내 것이라~

목회자의 신앙적 자존감이 약해지면 세속적인 행정이 된다.

2) 교회는 하나님의 집

고린도에 있는 하나님의 교회(고전 1:3)
이 집은 살아계신 하나님의 교회요(딤전 3:15)

이 말씀은 목회자의 신앙적 자기 행정의 근거가 된다.
고린도에 있는 교회는 본질적으로 하나님의 교회이다.
그러므로 내가 섬기는 교회 역시 하나님의 교회이다.

교회는 하나님의 집이고 교회 주인은 하나님이시다.
때문에 목회자는 교회의 주인이 아니라 청지기이다.

청지기는 주인이 시키는 대로 순종하기만 하면 된다.
자신이 교회의 주인이라는 착각을 하지 말아야 한다.

이 의식은 목회 스트레스에서 해방감을 가져다 준다.
주인이 스트레스를 받지 청지기가 받는 것이 아니다.
청지기는 자신에게 맡겨진 역할에만 충실하면 된다.
물 뿌리고 나무를 가꾸는 일에 최선을 다해야 한다.
하지만 자라나고 열매맺게 하는 분은 하나님이시다.

그러므로 목회의 모든 결과는 하나님께 맡겨야 한다.

이런 교회관이 목회자들이 가져야 할 자기 행정이다.

교회는 하나님의 집이기에 신본주의가 답이다.

① **교회는 민주주의가 아니다.** *다수결*

민주주의는 모든 권력이 국민에게서 나오는 것이다.

가나안의 정탐군들 중에 열 명이 정복을 반대하였다.

그러나 여호수아와 갈렙 두 명만 정복을 찬성하였다.

② **교회는 인본주의가 아니다.** *사람*

인본주의는 사람이 곧 신 神이라는 사고방식이다.

인본주의는 모든 일에 사람을 즐겁게 하는 것이다.

내가 하나님을 기쁘시게 하랴 사람들에게 기쁨을
구하랴 내가 지금까지 사람들의 기쁨을 구하였다면
그리스도의 종이 아니니라 (갈 1:10)

③ **교회는 사회주의가 아니다.** *세상*

이 세상의 제도와 하나님 나라의 제도는 다르다.

너희는 이 세대를 본받지 말고 오직 마음을 새롭게
함으로 변화를 받아 하나님의 선하시고 기뻐하시고
온전하신 뜻이 무엇인지 분별하도록 하라 (롬 12:2)

④ 교회는 **자본주의가 아니다.** 물질

이 사상은 성공. 권력. 물질주의를 지향하고 따른다.

많은 재물보다 명예를 택할 것이요 은이나 금보다
은총을 더욱 택할 것이니라 (잠 22:1)
너희는 먼저 그의 나라와 그의 의를 구하라 그리하면
이 모든 것을 너희에게 더하여 주시리라 (마 6:33)

3) 자기 진단이 선행

목회자의 인간적인 자아 발견을 위한 자기 진단이다.

"너 자신을 알라"

나의 약점이 무엇인가?
나의 장점이 무엇인가?

언제 가장 행복을 느끼는가?
현재의 나의 모습은 어떤가?
나의 미래의 꿈은 무엇인가?

내가 잘하는 것은 무엇인가?

내가 가진 재능은 무엇인가?

내가 좋아하는 것은 무엇인가?

과거의 나는 어떤 사람이었나?

내 속의 깊은 상처는 무엇인가?

가장 두려워하는 것이 무엇인가?

무엇이 나의 삶을 이끌고 가는가?

내 안에 있는 잠재력이 무엇인가?

내 성격은 내향적인가 외향적인가?

자신의 성향 발견을 위하여 자기 진단 기능 자료를 소개한다.

① MBTI 검사 *성격 검사*

심리학자 칼 융의 성격유형 이론을 바탕으로 사람을

총 16가지 성향으로 나누는 심리검사이다.

융은 인간 행동이 임의적으로 행동하는 것처럼 보이지만

사실은 사람들이 정신 능력을 사용할 때는

선호하는 방식에서 비롯된 결과라고 하였다.

② STRONG 검사 *심리 검사*

현재 진로 및 직업상담, 경력개발*CDP*, 전환배치, 컨설팅 분야에서

세계적으로 많이 사용하는 심리검사로 자리 잡고 있다.

검사 결과 어떤 활동에 가치를 두는지, 어떤 직업에 적합한지,

어떤 환경이 개인에게 적합한지, 어떤 사람과 일하는 것을 좋아하는지

등에 관한 정보를 제시하는 척도별 점수가 산출된다.

③ CPI 434 검사 *인성 검사*

세계적으로 가장 많이 사용되고 있는 인성 검사 중 하나로

타당성 및 역량 관련 척도들로 구성되어 있어

조직 적용에 유리하고 업무성과 예측력이 우수하다.

④ 코칭 도구 사용 *잠재력 회복*

코칭은 드러나지 않고 숨겨진 개인이 지닌 능력과

자신의 무한한 가능성과 잠재력을

끄집어 내어 주는 데 중요한 방법이다.

코칭이 질문으로 시작하기 때문에

평상시 생각지 못했던 자신의 내면속에 있는 생각들을 발산시켜서

의식 확장을 유도한다.

이 과정에서 자연스럽게 자신의 모습을 발견하게 된다.

⑤ 크리스천 신앙 스타일 진단 신앙 성향 검사

* 자료는 부록 3번에 첨부하였다. (개인 신앙 스타일 진단)

* 출처: 기독교대한성결교회 한국코칭선교회

⑥ 삶의 경험 진단 자아 발견 검사

경험이 곧 자산이다.

과거와 현재에서 경험했던 삶과 사역중에

효과적이었던 것들과 실패했던 것들이

어떤 것들인지 점검해야 한다.

지난 삶 속에서 경험했던 모든 것들이 현재의 자아이다.

과거의 거울에서 현재의 모습을 발견할 수 있다.

5. 성경적 근거

교회는 부름 받은 사람들의 공동체로서 '에클레시아'이다.

이 뜻은 그리스도인의 모임을 의미하는 말로 사용되었다.

이후에 가시적 및 불가시적 교회의 용어들로 정착하였다.

에클레시아로서의 교회는 삼위일체 하나님의 현현이다.

첫째, 성부 하나님께 부름 받은 공동체이다.

    교회의 참된 주인은 하나님이시다.

    부르심의 목적은 영혼 구원이다.

둘째, 성자 예수 그리스도의 몸 된 공동체이다.

    교회의 머리 되시는 분은 그리스도이시다.

    모든 지체들은 서로 연결된 유기체이다.

셋째, 성령 하나님이 거하시는 공동체이다.

    사역의 원동력은 성령님의 역사이다.

    결국, 사역의 핵심은 삼위 하나님의 코이노니아이다.

신앙적으로는 삼위일체 하나님의 일하심을 보여 준다.
조직적으로는 행정 목회 코칭사역의 필요를 알려 준다.

결국 교회는 본질적으로 두 가지의 성격을 포함한다.
신앙공동체와 조직공동체로서 신인神人공동체이다.

1) 교회는 신앙공동체

신앙공동체로서의 교회는 성경적으로 여덟 가지 특징을 포함한다.

1. 〈동일한 신앙고백〉을 한다.

가라사대 너희는 나를 누구라 하느냐 시몬 베드로가 대답하여 가로되
주는 그리스도시요, 살아계신 하나님의 아들이시니이다 (마 16:15-16)
내가 네게 이르노니 너는 베드로라 이 반석위에 내 교회를 세우리니
음부의 권세가 이기지 못하리라 (마 16:18)

예배시에 고백하는 사도신경은 단순 주문이 아니다.
신앙고백의 핵심은 오직 예수 그리스도이어야 한다.
신앙고백 안에 **그리스도**가 없으면 단순한 암송이다.

2. 〈선택〉된 하나님의 백성들이다.

오직 너희는 택하신 족속이요 왕 같은 제사장들이요
거룩한 나라요 그의 소유된 백성이니 (벧전 2:9)

교회에 모인 자들은 세상적인 일반인 모임이 아니다.
하나님께 특별히 선택받은 부름받은 자들의 공동체다.
하나님의 선택하심이 없으면 일반 공동체에 불과하다.

3. 〈그리스도〉는 교회의 머리와 몸이시다.

교회는 그의 몸이니, 만물 안에서 만물을 충만케 하시는 자의 충만이니라 (엡 1:23)

교회 안에 있는 신자들은 서로에게 연결되어야 한다.
성도가 하나 되는 근거는 오직 **그리스도**이어야 한다.

4. 교회에는 〈말씀의 선포〉가 있다.

모든 성경은 하나님의 감동으로 된 것으로

교훈과 책망과 바르게 함과 의로 교육하기에 유익하니
이는 하나님의 사람으로 온전케 하며
모든 선한 일을 행하기에 온전케 하려 함이니라(딤후 3:16-17)

교회에서의 설교 내용은 하나님의 말씀이어야 한다.
설교속에 **예수 그리스도**가 없으면 단순한 강의이다.

5. 교회는 〈기도의 공동체〉이다.

이르시되 기록된바 내 집은 만민의 기도하는
집이라 칭함을 받으리라고 하지 아니하였느냐(막 11:17)

교회에서 기도는 자기중심의 주문이 아니다.
기도 속에 **예수 그리스도**가 없으면 주문이다.

6. 교회는 〈나눔의 공동체〉이다.

그 중에 핍절한 사람이 없으니
이는 밭과 집 있는 자는 팔아 그 판 것의 값을 가져다가
사도들의 발 앞에 두매
저희가 각 사람의 필요를 따라 나눠 줌이라(행 4:34-35)

교회에서의 나눔은 단순한 구제와 선행이 아니다.
나눔에 **예수 그리스도**가 없으면 일반 구제이다.

7. 교회는 〈예배 공동체〉이다.

날마다 마음을 같이하여 성전에 모이기를 힘쓰고
집에서 떡을 떼며 기쁨과 순전한 마음으로 음식을 먹고
하나님을 찬미하며 또 온 백성에게 칭송을 받으니
주께서 구원받는 사람을 날마다 더하게 하시니라(행 2:46-47)

교회에서의 예배는 단순한 종교의식이 아니다.
예배 속에 **예수 그리스도**가 없으면 종교행사이다.

8. 교회는 〈선교공동체〉이다.

그러므로 너희는 가서 모든 족속으로 제자를 삼아
아버지와 아들과 성령의 이름으로 세례를 주고
내가 너희에게 분부한 모든 것을 가르쳐 지키게 하라 (마 28:19-20)

모든 사역에서 **예수 그리스도**가 빠지면 일반 자선단체이다.

2) 교회는 조직 공동체

신앙공동체인 교회를 바로 세우려면 행정력이 절대 필요하다.
교회는 개인과 그룹들이 거미줄처럼 연결된 인간적 공동체이다.

교회의 조직들은 기능에서 나눠지지만 서로 연결성을 가진다.
조직 공동체 교회 안에서 적용시켜야 할 행정적 요소들이 있다.

기획. 코칭. 리더십. 경영. 전략. 계획. 관리. 진단. 평가이다.

교회의 모든 조직은 하나님 나라 확장 관점에서 보아야 한다.
교회 성장은 본질적으로 목사의 뜻 이전에 하나님의 뜻이다.

구약의 조직 공동체

이스라엘 백성들은 장정만 60만 명에 이르는 대 민족이었다.
그러나 백성들 지도자는 유일하게 단 한 사람 모세뿐이었다.

하루종일 백성들을 재판하며 하나님 율례와 법도를 가르쳤다.

모세는 자신의 맡겨진 임무를 생명처럼 여기고 최선을 다했다.
그런데 이러한 열정적 사역들은 모세를 더욱 지치게 만들었다.

이제 이스라엘 공동체는 국가로서의 조직의 틀을 갖춰야 했다.
특히 다른 민족과 전쟁하기 위해서 조직공동체가 되어야 했다.

교회도 영적전쟁 승리를 위해 건강한 조직과 체계를 갖추어야 한다.
조직과 체계가 건강하게 세워지려면 세 가지가 필요하다.

<책임> <위임> <수용>

평신도 리더는 목회자를 대신해 섬기도록 위임받은 자들이다.
위임받은 리더가 맡은 <책임>을 다 할 수 있도록 해야 한다.

모세는 세운 리더들에게 적절한 권한과 직무를 <위임>하였다.
'장'들의 지도력 아래 백성들이 함께 책임지고 협력하게 했다.
지금까지 행했던 지도력에 새로운 리더십의 변화를 이루었다.

모세와 위임받은 각 리더들은 백성들의 고충을 <수용>하였다.
그리하여 복잡하게 얽혀있는 공동체의 문제를 해결해나갔다.

세운 지도자와 각 '장', 백성들 사이에는 질서가 있어야 한다.
교회를 가족 공동체라며 제도와 조직을 비판하는 자들도 있다.
그러나 가족 안에도 권위와 질서가 있어야 건강한 공동체이다.

교회는 하나님의 집이기에 질서 있는 공동체로 세워져야 한다.
하나님의 본질적인 속성에는 언제나 사랑과 공의가 공존한다.
교회도 항상 사랑과 은혜 또한 공의와 질서가 공존해야 한다.

교회 조직에서 가장 중요한 덕목은 질서에 순종하는 것이다.
교회는 영적 질서 아래 안정되고 평안하게 세워져야만 한다.

신약의 조직 공동체

초대교회 사도들은 효과적인 사역을 위해 일곱 집사를 세웠다.
교회의 질서와 연합을 위해 열두 사도가 제자들에게 말하였다.

열 두 사도가 모든 제자를 불러 이르되
우리가 하나님의 말씀을 제쳐놓고
공궤를 일삼는 것이 마땅치 아니하니
형제들아 너희 가운데서 성령과 지혜가 충만하여

칭찬 듣는 사람 일곱을 택하라

우리가 이 일을 저희에게 맡기고

우리는 기도하는 것과 말씀 전하는 것을

전무하리라 (행 6:2-4)

초대교회 초기 멤버 120명은 모두 성령 충만한 사람들이었다.

표면상 큰 부흥을 이루었지만 영적으로는 위기에 직면하였다.

사도들은 성령이 충만한 중에 쉬지 않고 열심히 사역을 했다.

목회자는 열정과 순수함도 필요하지만 지도력이 있어야 한다.

많은 목회자들이 바로 이 부분을 간과하는 모습이 안타깝다.

이때 성령께서 사도들에게 지혜를 주셔서 사역을 나누게 했다.

교회 공동체에서 본질적 사역과 일반 사역을 분담하게 되었다.

바로 이런 사역이 성령이 사도들에게 가르쳐준 행정 목회이다.

효과적인 사역을 위하여 적재적소에 사람을 세우게 한 것이다.

종합하면 구약의 모세와 신약의 사도들은

자신들이 본질적인 사명에 더 집중하기 위해

행정력을 적극적으로 활용한 것이다.

6. 원리목회

행정 목회 코칭에 성경적인 분명한 원리가 있음을 살펴 보았다.
이 원리를 그대로 적용하면 아래 같은 교회가 세워질 수 있다.

건강한 교회

하나된 교회

평안한 교회

행복한 교회

성장하는 교회

움직이는 교회

활력있는 교회

선교적인 교회

전도하는 교회

칭찬받는 교회

쓰임받는 교회

성령이 일하시는 교회

말씀이 살아있는 교회

평신도들이 일하는 교회

코이노니아가 있는 교회

하나님이 기뻐하시는 교회

교회의 본질에 충실한 교회 등이다.

결국 행정 목회란 목회의 방법이 아니라 목회의 기본 원리이다.

행정 목회가 목회 기본 원리라고 확실히 강조하는 이유가 있다.

모든 학문과 과학과 스포츠 등이 발전하는 데는 원인이 있다.

배경에 원리와 기본적인 공식이 밑바탕에 깔려 있기 때문이다.

    1) 수학에도 공식이 있다. *곱셈공식, 삼각함수*

    2) 영어에도 원리가 있다. *공식, 형식, 형태*

    3) 병원에도 진단 기구가 있다. *의료 진단 기계*

    4) 운동에도 기본이 있다. *자세, 원리, 태도*

목회도 아무리 시대가 변하고 어려워도 그 속에 원리가 있다.

원리가 바로 세워지고 분명하면 적용은 상황에 맞출 수 있다.

교육이라는 개념에는 두 가지 요소가 포함되어 있다.

첫째, 몰랐던 지식과 정보를 새롭게 알려 주는 것이다.
둘째, 이미 알고 있던 지식들을 다시 정리하는 것이다.

행정 목회에서 강조하고 있는 원리 내용들은 후자에 해당한다.
이미 성경과 신학교와 세미나에서 배우고 들었던 내용들이다.

좋은 내용을 내 교회의 상황에 맞게 적용할 수 있어야 한다.
적용할 때 원리와 공식에 대입시키는 것이 바로 행정력이다.

목회의 다양한 기능들을 담은 그릇들이 조직이고 행정이다.
결국 행정은 기능을 효과적으로 발휘하게 하는 운영체계다.

복음은 진리이며 변할 수 없는 목회 사역의 핵심 가치이다.
조직과 시스템은 복음을 담고 전달하는 기능이 되어야 한다.

관료적인 행정을 위한 행정은 오히려 복음의 확장을 방해한다.
복음 확장의 기능을 방해하는 조직과 행정은 개혁되어야 한다.
조직과 행정을 바로 실행하기 위해서는 원리가 분명해야 한다.

행정 목회가 아닌 것

목회자 한 사람의 생각과 비전을 적용시키는 주입식 목회이다.
타교회의 것을 내 교회에 적용하는 벤치마킹 *benchmarking* 이다.

목회는 종합 사역이기 때문에 수 많은 방법들이 있을 수 있다.
그러나 방법론적인 목회는 장점보다 치명적 단점들이 더 많다.
원리가 바로 세워지지 않으면 방향성을 잃게 되고 혼란스럽다.

학교에서 가르침을 받는 학생들은 대부분 1년 단위로 바뀌지만
목회 현장의 대상자들은 거의 대부분이 바뀌지 않고 일정하다.

임시방편의 일관성 없는 목회 방법은 대부분 오래가지 못한다.
지속성의 단절과 함께 치명적인 목회 리더십의 위기를 맞는다.

방법 중심의 목회의 문제와 한계

1) 교회 상황과 인물과 지역의 차이를 고려할 수 없다.
   한 프로그램을 모든 교회에 똑같이 적용할 수 없다.

외국인의 음식, 옷, 사고방식이 교회에 다 맞지 않다.

2) 돌발적인 상황들이 발생할 때에 대처할 수 없다.

프로그램대로 진행해야 하기 때문에 유연성이 없다.

사역중에 발생하는 변수들에 부정적 영향을 끼친다.

3) 고정 프로그램은 독창력을 상실하게 된다.

교회의 특성과 목회자의 철학이 반영되지 않는다.

모든 교회에 공통적인 마스터키 *Master key*가 될 수 없다.

즉흥적 수용과 결정들은 목회 방향성을 상실한다.

방법 중심으로 프로그램에 우선하면 문제가 발생한다.

초점이 사람보다는 프로그램의 추진에 얽매이게 된다.

방법 중심 목회는 교회 본질을 상실하는 잘못을 한다.

안식일은 사람을 위한 날이지 안식일을 위한 날이 아니다.

마찬가지로 인간이 프로그램을 위한 존재가 되면 안된다.

아무리 좋은 프로그램이라도 인간을 위한 것이어야 한다.

그러므로 프로그램 중심의 방법적인 목회는 한계가 있다.

행정 목회란 결국 신앙적 뿌리와 원리가 분명한 목회방식이다.

원리목회에 대한 신학적 관점

목회의 목적은 영혼 구원이고 하나님 나라의 확장이다.
이 목적을 위해 원리에 근거한 단계를 잘 밟아야 한다.

첫째는 하나님의 사랑이다. *사랑과 섬김 목회*
둘째는 예수님의 말씀이다. *말씀과 양육 목회*
셋째는 성령님의 능력이다. *확장과 사역 목회*

위의 세 가지 단계는 삼위일체 하나님이 일하시는 사역이다.

이 원리는 어느 시대 어느 상황에서도 결코 변하지 않는다.
방법 목회의 한계 때문에 더욱 요구되는 것이 원리목회이다.

삼위일체 하나님의 속성에 근거한 사역이 목회의 원리이다.
이 원리는 구약시대와 신약시대에만 적용되는 것이 아니다.
오늘의 시대에도 변함없이 유효한 절대적 불변의 원리이다.

모든 분야에서 원리가 분명해야 응용력과 적응력을 발휘한다.
예상치 못한 상황에 대처할 수 있는 능력과 응용력이 생긴다.

학문에서 기본과 공식이 분명해야 복잡한 문제를 풀 수 있다.

운동에서 원리와 기본이 충실해야만 실력이 향상될 수 있다.

행정 목회, 기획 목회, 코칭 목회는 또 다른 방법론이 아니다.

이미 하나님이 성경을 통해 가르쳐 주신 신학적인 원리이다.

행정 목회의 원리에는 크게 두 가지 양극 원리가 흐르고 있다.

1) 하나님 중심의 원리

신앙공동체로서의 하나님과의 수직적인 개념이다.

행정 목회의 중심에 하나님 사랑이 포함되어 있다.

하나님 중심에서 벗어나게 되면 교회는 본질에서 벗어난다.

전통 중심의 교회가 된다.

제도 중심의 교회가 된다.

물질 중심의 교회가 된다.

사람 중심의 교회가 된다.

목사 중심의 교회가 된다.

목회에 있어서 하나님 중심의 원리들은 성경적 근거가 있다.

예수께서 빌립보 가이사랴 지방에 이르러 제자들에게 물어 이르시되
사람들이 인자를 누구라 하느냐 이르되 더러는 세례 요한, 더러는 엘리야,
어떤 이는 예레미야나 선지자 중의 하나라 하나이다
이르시되 너희는 나를 누구라 하느냐 시몬 베드로가 대답하여 이르되
주는 그리스도시요 살아 계신 하나님의 아들이시니이다
예수께서 대답하여 이르시되 바요나 시몬아 네가 복이 있도다
이를 네게 알게 한 이는 혈육이 아니요 하늘에 계신 내 아버지시니라
또 내가 네게 이르노니 너는 베드로라 내가 이 반석 위에 내 교회를 세우리니
음부의 권세가 이기지 못하리라 (마 16:13-18)

베드로의 신앙고백 위에 교회를 세운다는 예수님의 말씀이다.
예수님에 대한 신앙고백은 교회의 기초로 영적인 공동체이다.

하나님 중심 교회를 세우고자 할 때 목회자 역할이 중요하다.
목회자의 역할은 행정 목회의 성경적 원리를 실천하게 하는 것이다.

하나님 중심의 교회가 갖는 특징

첫째, 교회의 존재 이유가 분명하다.
　　　사람이 아니라 하나님을 기쁘시게 하기 위함이다.

교회의 성공을 평가하고 측정하는 기준이 다르다.

옳고 그름보다 영혼을 구원하는 일이 최우선이다.

선악과 목회가 아닌 은혜로운 생명나무 목회이다.

교회 행사의 중심이 하나님 영광을 위한 것이다.

둘째, 성경 말씀이 목회의 중심이다.

모든 성경은 하나님의 말씀이기 때문이다.

하나님 중심이란 말씀 중심이기 때문이다.

말씀이 풍성한 교회는 성장하기 때문이다.

셋째, 하나님과 인격적 관계를 수립한다.

지. 정. 의지적으로 하나님을 경험하게 한다.

신앙이란 지식과 감정을 포함하기 때문이다.

살아있는 믿음이란 의지적인 행동이 따른다.

넷째, 선교와 전도가 목적이다.

전도와 선교는 하나님의 소원이자 최종목표이다.

성육신은 하나님의 사랑과 인류구원의 절정이다.

성령님을 보내신 목적은 오직 복음의 전파이다.

교회는 세상의 삶과 상관없는 수도원이 아니다.

교회는 세상을 구원하기 위해 세운 공동체이다.

2) 인간 지향적인 원리

조직공동체의 수평적 개념으로 사람을 사랑하는 원리이다.
인간 지향적이란 의미는 인간 중심적이라는 뜻이 아니다.

교회 존재 목적은
첫째가 하나님이고 그 다음이 인간이다.

> 하나님이 세상을 이처럼 사랑하사
>
> 독생자를 주셨으니
>
> 이는 그를 믿는 자마다 멸망하지 않고
>
> 영생을 얻게 하려 하심이라 (요 3:16)

목회의 범위는 세상이고 목회의 대상은 사람들이다.
목회란 하나님 사랑을 사람들에게 전달하는 행위이다.
목회의 목적은 예수를 믿어 영생을 얻게 하는 것이다.

하나님 나라 확장을 위해서 사람들의 역할이 중요하다.
사람은 하나님 사랑을 사람들에게 전달하는 도구이다.
하나님은 사람들과 함께 또한 사람을 통하여 일하신다.

인간 지향적인 사역의 특징

첫째, 사람을 위하는 분명한 이유와 원칙이 있다.

  일반사회는 사람들보다 일과 물질을 우선한다.

  교회는 일과 물질보다 사람이 우선이어야 한다.

  사람을 사랑하는 자가 진정 하나님을 사랑한다.

둘째, 복음 전달 방편으로 인간관계를 강조한다.

  효과적 복음 전달 방법은 인간관계에서 시작된다.

  모든 일에는 코이노니아를 통한 소통이 우선이다.

  코이노니아는 복음 전달 수단이지 목적이 아니다.

셋째, 목회와 대인관계는 밀접한 관련을 가진다.

  목회는 지식이 아니라 삶을 보여 주는 것이다.

  사람과 관계는 하나님과의 관계에 정비례한다.

  설교의 언어보다 인간관계의 언어가 중요하다.

넷째, 그룹의 모임들은 믿음의 진보에 좋은 기회이다.

  소그룹은 하나님의 사랑을 경험할 수 있는 현장이다.

  그룹을 통해서 신앙적으로 건강하게 성장할 수 있다.

  대그룹에서의 부족한 점은 소그룹에서 채울 수 있다.

7. 행정 목회 매뉴얼

1) 신앙공동체 세우기 *원리 행정*

목회자가 갖추어야 할 모습

신앙공동체를 세우려면 먼저 목회자의 영성이 살아야 한다.
목회자의 영성은 믿음으로서 행정 목회의 필수적인 요건이다.

자기 행정을 위한 영성 훈련

      말씀 *읽기. 묵상. 연구* - 로고스에서 레마까지

      기도 *개인. 새벽. 수시* - 깊이와 양과 범위를 확장

      독서 *간접 체험. 투자* - 시간과 물질과 열정 사용

긍정적인 효과

      내적 - 성결. 사랑. 감사. 기쁨. 확신. 담대함이 따른다.

      외적 - 사역. 언어. 태도. 표정. 행동에 열정이 생긴다.

사역의 자세가 분명해지고 한 영혼을 귀하게 여기게 된다.
작은 교회는 조직이 약하기 때문에 목사에게 더 집중한다.
목회자의 신앙적인 모습 속에서 신앙적 영향을 받게 된다.

전제   삼위일체 하나님의 존재 방식을 근거로 삼아야 한다.

교회는 하나님의 사랑이 있는 공동체이어야 한다.
코이노니아로 섬김 / 희생 / 화목 / 하나됨

교회는 예수님의 말씀이 있는 공동체이어야 한다.
진리안에서 구원 / 확신 / 양육 / 훈련 / 건강함

교회는 성령님의 능력이 있는 공동체이어야 한다.
역동적인 예배 / 찬양 / 기도 / 선교 / 확장됨

원리와 요구
원리) 교회는 삼위일체 하나님이 주인이신 공동체이다.
요구) 하나님의 영광이 드러나야 한다. *하나님의 뜻*
       예수 그리스도가 드러나야 한다. *예수의 증인*
       성령의 일하심이 드러나야 한다. *성령의 역사*

원리) 교회는 5대 기능을 성취하는 공동체이다.

요구) 1. 예배 *신령과 진정으로 드리는 삶의 예배*

2. 교육 *말씀의 선포와 양육으로 제자 삼음*

3. 선교 *복음전도를 통한 하나님 나라 확장*

4. 친교 *코이노니아를 통한 하나 되는 교회*

5. 봉사 *섬김의 삶으로 하나님 나라를 세움*

신앙공동체 세움 매뉴얼

첫째, **예배**의 양극 원리이다.

모임을 통한 역동적인 있는 찬양과 경배와 고백이다.

보냄을 통한 삶의 예배로 복음을 확장하는 현장이다.

둘째, **말씀**의 양극 원리이다.

로고스로 기록된 객관적으로 계시 된 성경 말씀이다.

레마로 주어진 주관적으로 체험한 하나님의 말씀이다.

셋째, **기도**의 양극 원리이다.

개인기도 통한 하나님과 영적인 관계 회복이다.

중보기도를 통한 하나님 나라 확장의 사역이다.

넷째, **성령 사역**의 양극 원리이다.

　　성령의 충만함으로 하나님의 사람이 되는 것이다.

　　성령의 충만함으로 하나님 나라를 확장해야 한다.

다섯째, **코이노니아**의 양극 원리이다.

　　수직적 개념으로 하나님과의 교제가 우선이다.

　　수평적 개념으로 사람과 교제로 교회를 세운다.

여섯째, **선교**의 양극 원리이다.

　　선교의 주체는 인간이 아니라 하나님이시다.

　　선교의 도구는 교회를 통한 인간의 순종이다.

2) 조직 공동체 세우기 *실천 행정*

교회는 거미줄과 혈관처럼 서로가 연결된 유기적 공동체이다.

사람 몸에 붙어있는 모든 지체는 독립적으로 존재할 수 없다.

건강한 공동체가 주는 유익함은 끈끈한 유대감을 형성케 한다.

교회라는 공동체의 성격은 거미가 집을 지은 모습과 유사하다.

교회라는 공동체는 인간의 내적 외적인 신체 기관과 비슷하다.

목회자가 갖추어야 할 모습

조직공동체를 세우려면 먼저 목회자의 실천이 따라가야 한다.

자기 행정을 위한 영성 훈련

도전하는 목회

실패와 비난을 두려워하지 말라.

실수하면서 배우고 성장해 간다.

모르는 것은 결코 허물이 아니다.

성령이 주신 감동을 소멸치 말라.

순종함이 최선의 목회 방법이다.

행동하는 목회

지식과 머리에서 몸으로 옮겨라

긍정적인 효과

내적-진단 능력과 종합적인 판단의 노하우know-how가 생긴다.

외적-두려움이 사라지고 응용력과 적응하는 힘이 생긴다.

전제 삼위일체 하나님의 일하심을 근거로 삼아야 한다.

교회는 하나님의 집으로 세운 공동체이다.

집안의 성막 재료들을 모두 필요한 존재

교회는 예수 그리스도의 몸 된 공동체이다.

몸의 지체들은 서로 연결된 필요한 존재

교회는 성령의 전으로 세워진 공동체이다.

성령의 은사들은 모두 필요한 사역 요소

원리와 요구

원리) 교회는 삼위일체 하나님이 일하시는 공동체이다.

참된 신앙은 명사가 아니라 동사이다.

마음의 경영은 사람에게 속한 것이다.

씨 뿌리고 심는 것은 사람의 몫이다.

행함이 없는 믿음은 죽은 믿음이다.

요구) 하나님은 쉬지 않고 일하시는 분이다.

창조 섭리 조성 구원 선택 인도 연단 기적

예수님은 쉬지 않고 일하시는 분이다.

말씀 전파 기도 제자훈련 가르침 치유 표적

성령님은 쉬지 않고 일하시는 분이다.

감화 감동 열매 깨달음 회개 파송 전도 능력

조직 공동체 세움 매뉴얼

첫째, 영적 기초 확립의 원리

모든 실제는 이 초석 위에 자리를 잡아야 한다.

신앙공동체 위에 조직 공동체를 세워가야 한다.

둘째, 구속적 인간관계의 원리

신자들의 코이노니아로 교회를 세워야 한다.

인간은 목적이지 수단과 방편이 될 수 없다.

셋째, 소집단 개발의 원리

다양한 사역을 위하여 소그룹을 세워야 한다.

유사한 소집단들을 서로 연결하여 묶어 주라.

넷째, 평신도 훈련의 원리

　　교회의 일은 목회자 혼자 하는 것이 아니다.

　　양육과 훈련을 통해 건강한 교회가 세워진다.

다섯째, 종합계획의 원리

　　기획은 구체적 계획을 세울 수 있는 근거이다.

　　장. 단기적으로 종합적인 계획을 세워야 한다.

여섯째, 자원 활용의 원리

　　교회 안과 밖에 있는 모든 자원들을 활용하라.

　　환경, 재능, 교단, 지역사회, 공공시설 등이다.

3) 실제적 행정목회 매뉴얼

1. 목회기획과 계획에 따른 주보와 유인물들을 활용하라

　실제) 말보다 문서, 글로 지도력을 행사하라

　　　포스터, 사진, 현수막 등으로 게시하라

2. 공예배를 특성에 맞게 진행하라

　실제) 주일낮 (전통예배) 주일오후 (찬양) 수요 (양육) 금요 (기도)

이외에도 열린예배, 다음세대, 특성화 예배를 도입하라.

3. 교회조직을 활용하라 *부서, 기관, 구역, 셀, 찬양단*

    실제) 부서, 구역, 셀, 찬양단 리더는 임명하라

    　　　기관은 자치적으로 운영하게 하라

4. 교회 직분을 활용하라 *교역자, 장로, 권사, 집사*

    실제) 봉사 사역 친교 기도회 등 다양한 사역에 참여시켜라

    　　　특별기도회, 부흥회, 청소, 전도 등

5. 교회 사역을 활용하라 *구역 임원, 회장, 부장, 단장*

    실제) 리더 훈련을 정기적으로 실행하라주제 변경, 상황에 따라

    　　　역할에 맞는 구체적인 사역을 제시하라

6. 개인적 은사를 발굴하여 활용하라 *재능, 달란트, 영적, 육적*

    실제) 자기 행정을 위한 자아 발견의 자료들을 활용하라

    　　　성격, 심리, 인성, 성향, 경험, 코칭 등의 자기진단 검사이다

7. 외부 인프라를 활용하라 *이웃교회, 지역, 학교, 공기관, 지방회, 총회*

    실제) 연합과 참여의 당위성을 성경적으로 유도하라

그밖에 교회 내외의 여러 목회 활동 분야에 응용하여 적용할 수 있다.

예 배

헌신, 다짐, 감사, 절기, 테마, 안내, 부흥회, 행사, 찬양 등

교 육

절기별, 계절별, 단계별, 양육, 사경회, 세미나 등

행 사

야유회, 음악회, 친교회, 체육대회, 발표회 등

선 교

국내외 단기선교, 현장 방문, 새 가족 관리 등

관 리

조경, 시설, 방송, 설비, 음향, 식당, 주차장 등

심 방

개인, 구역, 사업, 기관, 새 가족 등

행정력 적용시

반드시 위임과 분담을 위한 양육과 코칭이 필요하다.

8. 기획 행정 이해

1) 기획 행정의 필요

기획과 계획은 처음의 출발부터 본질적인 차이가 있다.

기획이 목적이고 총론이라면 계획은 수단이고 방법이다.

기획은 목적을 이루어가는 행정의 설계도라 할 수 있다.

행정 목회란 기획을 계획의 방법으로 실행하는 과정이다.

기획은 목적이고 방향이다.

기획은 창조이고 구상이다.

기획은 목표이고 지도이다.

기획은 비전이고 설계이다.

결국 기획이란 목적과 목표를 설정하고 비전을 세우는 일이다.

나아가 어떻게 성취할 것인가에 대한 방법을 제시하는 일이다.

행정 목회에서 기획이 필요한 이유는 목회의 특수성 때문이다.

목회는 단거리 경주가 아니라 장거리 경주이다.

목회는 기존의 유행이 아니라 새로운 창조이다.

목회는 과거 반복이 아니라 앞서가는 미래이다.

목회는 현재의 안주가 아니라 미래 지향적이다.

목회는 근시안에서 원시안으로 바라보는 것이다.

목회자의 기획력은 목회 리더십을 평가하는 첫 번째 기준이다.

통계에 의하면 기획을 세우는 20%의 사람들이

기획을 세우지 않는 80%의 사람들을 끌고 나간다는

흥미로운 결과가 나왔다.

목회자는 기획을 세우고 목회의 장. 단기 계획을 세워야 한다.

장기 기획을 세웠다면 계획안을 과감하게 실행에 옮겨야 한다.

또한 실행에 옮긴 후에 반드시 사후 평가 과정이 있어야 한다.

그리하여 사후 평가를 기준으로 새로운 계획안이 나와야 한다.

이것이 바로 행정 목회 속에 포함된 기획 목회의 실천과정이다.

기획 행정이 필요한 이유

    1) 다양성을 가진 신자들이 공동 목표를 갖게 하기 위함이다.

    2) 목표에 맞게 자원을 발굴해 적재적소에 배치하기 위함이다.

    3) 개인과 부서 사이에서 발생하는 충돌을 조정하기 위함이다.

    4) 실행한 사역들을 평가하고 새로운 계획을 세우기 위함이다.

결국 목회에 있어서 기획 행정이란

    목표와 계획과 실행이다.

    공동의 목표를 정하고 그에 맞는 자원을 찾아내는 과정이다.

    그리고 그 자원들을 적절하게 각 부서에 배치하는 과정이다.

    나아가 실행 평가 기준으로 또 다시 방향을 정하는 것이다.

2) 기획의 과정

기획을 세우는 방법에는 몇 가지 기본 단계와 과정이 있다.

John Dewey

    (1) 목적 또는 목표 설정

(2) 전망 분석

(3) 문제점 점검

(4) 가능성 점검

(5) 프로젝트 작성

(6) 시행안

이해하기 쉽게 쓴 행정학 용어사전

(1) 미래 예측

(2) 목표의 설정

(3) 상황의 분석

(4) 기획 전제의 설정

(5) 대안의 탐색과 분석

(6) 최종안의 선택

종합적 기획 과정

(1) 목표 설정

(2) 상황분석

(3) 대안 탐색

(4) 대안 비교와 선택

(5) 대안 집행 및 평가

기획이란

광의적 의미에서 목표를 설정하고 시행하고 평가하는 것이다.

협의적 의미에서 목표 달성을 위한 계획들을 세우는 것이다.

최종적으로는 다음의 계획에 반영하는 순환 *feed-back* 이다.

* 기획의 실제적 목회 적용 사례내용은 부록 6번에 첨부하였다.

3) 기획자 하나님

첫째, 하나님은 목표를 정하시고 구체적으로 일하시는 분이다.

하나님은 실낙원 이후 에덴동산의 회복을 기획하셨다.

또한 이 목적 달성을 위하여 많은 사람들을 보내셨다.

선지자들 사사들 왕들을 또한 최종적으로는 예수이다.

예수님도 사역의 목표를 정하고 일하시는 기획자이다.

예수는 30년 장기 기획과 3년의 단기 기획을 세웠다.

그리고 인류 구원을 위해 직접 십자가를 지신 것이다.

성령님도 목표를 설정하시고 일하시는 기획자이시다.

성령강림 때에 이미 천국의 확장 방법을 기획하셨다.
예루살렘과 유대와 사마리아와 땅끝까지 나아가셨다.

열 처녀 비유에서 신랑을 맞는 신부 모습도 기획이다.
지혜로운 자와 미련한 자의 구분은 기획의 차이이다.
기름의 준비는 기획이고 등불 준비는 단기 계획이다.

하나님 뜻과 기획은 주기도문에서도 발견할 수 있다.

"하늘의 뜻이 땅에서도 이루어지게 하소서"

하늘의 뜻이란 하나님의 기획 즉 최종적인 목적이다.
이를 위해 하나님은 많은 계획과 방법을 사용하셨다.
그러므로 목회자는 철저하게 기획자가 되어야 한다.
기획은 교회를 세워가는 목회의 효과적인 전략이다.
기획은 교회의 목적달성을 위한 미래의 설계도이다.
설계도 없이 건축을 하면 많은 부작용이 발생한다.

기획은 목표 달성을 위한 미래지향적인 전략이다.
기획은 현재에서 미래를 예측하면서 방향을 정한다.

성경에서 보여주는 신앙생활의 목표들을 위한 기획들이 있다.

1) 바라는 것과 보이지 않는 것

믿음은 바라는 것들의 실상이요 보이지 않는 것들의 증거니 (히 11:1)

2) 앞에 있는 푯대

뒤에 있는 것을 잊어버리고 앞에 있는 것을 잡으려고
푯대를 향하여 그리스도 예수 안에서 하나님이
위에서 부르신 부름의 상을 위하여 달려가노라 (빌 3:13-14)

3) 하나님이 들려 주신 것

내가 너로 큰 민족을 이루고 네게 복을 주어
네 이름을 창대하게 하리니 너는 복이 될지라 (창 12:2)

4) 마음에 주신 소원

너희 안에서 행하시는 이는 하나님이시니 자기의 기쁘신 뜻을 위하여
너희에게 소원을 두고 행하게 하시나니 (빌 2:13)

기획하고 실현하는 데에는 긴 시간과 진단이 필요하다.

목회에서도 목표가 없는 단기간의 졸속행정은 절대 금물이다.

좋은 것이라도 성급한 기획은 오히려 부작용을 불러온다.

성급한 기획은 독재자가 되거나 관료적인 행정가가 된다.

이것은 기획이 필요하지 않는데도 기획을 악용할 뿐이다.

> 마음의 경영은 사람에게 있어도
> 말의 응답은 여호와께로부터 나오느니라 (잠 16:1)

둘째, 하나님은 현재 상황에서 자원을 찾아 일하시는 분이시다.

아담의 범죄와 불순종의 자리에서 다시 일하셨다.

야곱의 속임수를 인정한 상태에서 다시 일하셨다.

모세의 연로함과 가지고 있던 지팡이로 일하셨다.

나실인 삼손의 비참한 모습 속에서 다시 일하셨다.

요나의 불순종과 고난의 상태에서 다시 일하셨다.

다윗의 연소함과 늘 사용하던 물맷돌로 일하셨다.

어린아이가 가지고 있던 작은 오병이어로 일하셨다.

배신자 베드로의 허물과 잘못을 인정하고 일하셨다.

세리장 삭개오의 사회적 약점을 인정하고 일하셨다.

핍박자였던 바울의 잘못들을 품고 새롭게 일하셨다.

사마리아 여인의 잘못을 알면서도 새롭게 일하셨다.

셋째, 하나님은 목표 달성을 위한 여러 계획들을 말씀하셨다.

내가 내려가서 그들을 애굽의 손에서 건져내고
그들을 그 땅에서 인도하여 아름답고 광대한 땅,
젖과 꿀이 흐르는 땅
곧 가나안 족속, 헷 족속, 아모리 족속,
브리스 족속, 히위 족속, 여부스 족속의 지방에
데려가려 하노라 (출 3:8)

존귀한 자는 존귀한 일을 계획하나니 (사 32:8)

여호와의 말씀이니라
너희를 향한 나의 생각을 내가 아나니
평안이요 재앙이 아니니라
너희에게 미래와 희망을 주는 것이니라 (렘 29:11)

네 모든 계획을 이루어주시기를 원하노라 (시 20:4)

사람의 마음에는 많은 계획이 있어도
오직 하나님의 뜻만이 완전히 서리라 (잠 19:21)

뜻이 하늘에서 이루어진 것같이
땅에서도 이루어지이다 (마 6:10)

* 기획 단계에 따른 목회 사례는 부록 6번에 첨부하였다.

코칭은
개인과 조직의 잠재력을 극대화하여
최상의 가치를 실현할 수 있도록 돕는
수평적 파트너십이다.

목회
마스터키
3단계 행정 목회 코칭

2부 코칭 목회

1. 코칭 이해

정 의

개인과 조직의 잠재력을 극대화하여
최상의 가치를 실현할 수 있도록 돕는
수평적 파트너십이다. *한국코치협회, KCA*

클라이언트의 개인적, 전문적 가능성을 극대화 시키기 위해
영감을 불어넣고 사고를 자극하는 창의적인 프로세스 안에서
클라이언트와 파트너 관계를 맺는 것이다. *국제코치연맹, ICF*

개념 이해

코칭과 혼동되는 개념들은 컨설팅, 멘토링, 상담, 리더십이다.
비슷한 용어들과 비교를 통해 코칭의 개념을 이해할 수 있다.

컨설팅 *Consulting*

컨설팅은 전문지식을 가진 사람이
전문지식을 필요로 하는 사람들에게
상담하고 자문에 응하는 일이다.
결국 전문 지식을 필요로 하는 사람들에게 문제나 현실을 진단하고
해결책을 제시해주는 일을 말한다.

멘토링 *Mentoring*

멘토는 상대보다 경험과 경륜이 많은 사람이 도와주는 자이다.
상대방의 잠재력을 보고, 자신의 분야에서 꿈과 비전을 이루도록
도움을 주며, 때로 도전도 해줄 수 있는 사람이다.

카운셀링 *Counseling*, 상담

내담자와 상담자가 대화를 통해 일상생활에서 생겨나는 고민이나
과제의 해결을 도모하는 과정이다.
또 과거나 현재의 행동, 생각 및 감정을 조절, 변화시켜서
상호 간의 인간적인 성장을 촉진하기 위한 학습 과정이다.

코칭과 컨설팅 비교

컨설팅은 진단 결과를 바구니에 담아 전달하여 주는 것이다.

코칭은 빈 바구니에 고객의 에너지를 스스로 담는 과정이다.

컨설팅은 기업이 원하는 것을 얻도록 정보를 제공하는 것이다.

코칭은 개인과 공동체가 원하는 것을 스스로 찾게 돕는 것이다.

코칭과 상담 비교

상담은 내담자의 상태를 진단하고 온전하도록 돕는 것이다.

코칭은 목표를 설정하도록 도와주고 행동하도록 돕는 것이다.

상담은 클라이언트의 문제로부터 출발하는 치유모델이다.

코칭은 고객이 목표를 향해 나아갈 수 있도록

가능성을 담아서

현재 상태에서 스스로 출발하게 하는 모델이다.

상담은 과거의 문제에 초점을 맞춘다.

코칭은 미래에 이루어질 문제의 해결에 초점을 둔다.

코칭과 멘토링 비교

멘토링은 멘토가 멘티에게 나누고 조언, 지시하는 것이다.
코칭은 스스로 답을 찾도록 격려하면서 질문하는 것이다.

멘토링은 무엇인가를 주어야 한다는 개념이다.
코칭은 대상자의 가능성을 끄집어내는 것이다.

코치는 멘토나 컨설턴트와 같이 전문가가 될 필요는 없다.
코치의 역할은 변화의 최적의 환경을 조성해 주는 것이다.

멘토는 선배 입장에서 후배에게 지도, 충고하는 역할이다.
그 결과 둘 사이에는 보이지 않는 수직적 관계가 형성된다.
반면 코칭은 서로 동등한 위치에서 수평적 관계가 형성된다.

일반 코칭 기본 원칙

 (1) 코치는 코칭 받는 사람의 말을 그대로 받아들인다.

   이것은 경청과 공감을 의미한다.

상대방의 말에 나의 판단이나 해석을 완전히 배제한다.

말을 들을 때 내 가치관이나 생각으로 해석하지 않는다.

(2) 문제해결의 열쇠는 코칭을 받는 사람에게 있다.

코칭 받는 사람이 자신의 문제를 누구보다 잘 알고 있다.

그러므로 그 해결책 역시 자신이 하도록 돕는 것이다.

(3) 코칭을 받는 사람을 믿는다.

코칭을 받는 사람의 말이나 행동이 옳지 않을 때가 있다.

그럼에도 말이나 행동을 받아주고 수용해주고 믿어준다.

(4) 모든 문제는 해결이 가능하다.

코칭은 전적으로 긍정적인 마인드로 진행한다.

어떤 문제든 불가능이 아니라 가능성을 가지고 접근한다.

이러한 일반 코칭의 원칙들을 수용하면서 신앙적인 관점에서 목회 대상자들에게 그대로 적용시키는 것이 목회 코칭이다.

코칭 목회 기본 원칙

(1) 목회자는 신자들의 말을 끝까지 경청하고 공감해 준다.

신자들의 말에 나의 판단이나 해석을 배제하는 것이다.

신자들의 말을 내 수준에서 판단하고 평가하지 않는다.

(2) 문제해결의 열쇠는 목사가 아닌 신자들이 가지고 있다.

자기 자신의 문제는 자기 자신이 가장 잘 알고 있다.

해결책 역시 자신이 하도록 신앙적으로 돕는 것이다.

(3) 신자들을 믿어 주어야 한다.

예수님은 배신자 베드로가 사랑한다는 고백을 믿었다.

말과 행동을 인정해 주고 사명적인 삶을 살도록 한다.

(4) 모든 문제는 해결이 가능하다.

신앙이란 하나님의 능력과 일하심을 신뢰하는 것이다.

신앙 안에서 모든 가능성을 믿고 접근해 가는 것이다.

(5) 자존감을 세워주어야 한다.

코칭은 외적인 것보다 내적 자존감을 세워주는 것이다.

부르심과 함께 하나님의 사랑을 발견하게 하는 것이다.

2. 필요와 배경

지금은 일방적 가르침의 '티칭'시대가 지나고 '코칭' 시대이다.

1) 필요성

오늘의 교회는 양적 성장 둔화, 영적 능력의 침체 상태이다.
또한 사회적 신뢰도 추락, 교회 내 갈등들로 위기 상황이다.

그 원인들은 사회 문화적 가치들과 환경의 변화들 때문이다.
그러나 더 큰 책임은 대부분 목회자들에게 있다는 사실이다.

이것은 목회자들의 악惡함이 아니라 약弱함의 문제들이다.
갈등의 상당한 부분들이 목회자들의 지도력의 미숙함에 있다.

이유는 신학만 공부했을 뿐 인간 이해를 통한 목회 지도력을 행사할 능력을 갖추지 못하고 목회를 하는 것에 문제가 있다.

목회란 모든 상황을 종합으로 진단하는 일이 우선되어야 한다.
시대에 따른 변화들, 지역사회 환경, 교회의 문화와 전통이다.
이런 요소들을 진단한 후 그에 맞도록 교회를 이끌어야 한다.

그러나 현재의 한국교회 목회구조에서는 신학을 공부하였지만
현장에서 실패를 통해 배우는 길밖에는 다른 길이 거의 없다.

문제는 많은 목회자들에게 멘토는 있는데 코치가 없다는 점이다.
그 결과 자신의 목회에 대한 정확한 진단을 하지 못하고 있다.

목회자들마다 각자의 소견에 옳은대로 목회를 한다.
스스로 자신의 목회 자만심에서 빠져나오지 못한다.
교회 본질 회복에는 무관심하고 방법에만 몰두한다.
그 결과 목회의 회복 불능 상태에 빠지기도 한다.

돌파구를 찾고 있지만 정확한 원리와 가이드 *guide* 가 없다.
이에 성공했다는 목회자들의 여러 경험들을 답습하고 있다.
그 적용에서 오히려 더 큰 시행착오와 의욕 상실을 느낀다.

이러한 종합적인 문제들 때문에 코칭 목회가 필요한 것이다.

코칭 목회는 질문의 답을 찾기 위해 스스로 씨름하게 만든다.
연구하고 고민하고 점검하고 진단하고 선택해가는 과정이다.
그 결과 잠재해 있던 무한한 지혜와 아이디어들이 산출된다.

코칭 목회는 인간이 하나님의 형상대로 창조된 자임을 믿는다.
하나님의 형상인 DNA 속에는 무한한 잠재력이 있음을 믿는다.
목회자는 코칭으로 그들의 무한한 잠재력을 이끌어내야 한다.

오늘날은 일방통행의 지식 전달보다는 각자가 가진 천재성과
자원과 아이디어를 이끌어내주는 코치형 리더십이 필요하다.
그 대안이 바로 3단계 행정 목회를 중심 한 코칭적 목회이다.

일반적으로 코칭의 필요와 효과들에 대하여 이렇게 강조한다.

    (1) 코칭을 통해서 새롭게 변화된 삶을 살 수 있다.
    (2) 코칭을 통해서 자신의 모습을 발견할 수 있다.
    (3) 코칭을 통해서 지속적인 긍정 변화가 가능하다.
    (4) 코칭을 통해서 폭넓은 성장과 성숙을 경험한다.

(5) 코칭을 통해서 자신의 리더십을 세울 수가 있다.

(6) 코칭을 통해서 세상을 바라보는 시야를 넓힌다.

위의 여섯 가지 일반적 코칭의 필요성을
목회에 그대로 대입시키면
아래 같이 목회적 해결책과 긍정적인 효과들을 얻을 수 있다.

(1) 변화된 삶 *하나님이 원하시는 선교적인 삶*

(2) 자아 발견 *자기 정체성과 자존감 회복의 삶*

(3) 지속적인 변화 *중생 이후 성화와 성결의 삶*

(4) 성장과 성숙 *어린아이에서 장성한 자의 삶*

(5) 리더를 세움 *교회와 세상에서 쓰임 받는 삶*

(6) 세상에 관심 *하나님 나라를 확장 시키는 삶*

위의 여섯 가지 코칭 목회를 통해 얻게 되는 효과들을 기대한다면
먼저 목회자 스스로에게 개인적 셀프코칭이 선행되어야 한다.

더 나아가 위의 여섯 가지에 대하여
그룹별 코칭을 적용해야 한다.
그 결과 무한한 목회적 아이디어와 효과들을 기대할 수 있다.

2) 성경적 배경

첫째, 인간은 하나님의 형상대로 창조되었다.

    - 인격적 존재 *하나님과 교제 통로인 知情意*

      (창 1:26-27, 고전 11:7, 엡 4:24, 골 3:10, 약 3:9)

      사유하는 능력인 이성을 통해 하나님은 인간과 교제하신다.

      마음으로 느끼는 감정을 통해 하나님은 인간과 교제하신다.

      행동하는 결단인 의지를 통해 하나님은 인간과 교제하신다.

    - 양심적 존재 *도덕적 성품*

      (롬 2:15, 요 8:9, 고후 1:12, 롬 9:1-2, 벧전 3:21)

      사람으로서 마땅히 가져야 할 바르고 착한 마음이다.

      선악 善惡을 구별하고 판단하는 도덕적인 정서이다.

      하나님의 뜻을 알고 선을 추구하고자 하는 능력이다.

    - 영혼을 담은 존재 *정신적 속성*

      (고후 7:1, 마 10:28, 행 7:59, 벧전 4:19, 요한3서 1:2)

인간의 육체와 정신의 근원이다.

육체를 움직이게 하는 주체이다.

하나님의 형상을 담은 실체이다.

둘째, 코칭을 위한 사람에 대한 성경적 이해

당신에게는 하나님이 부여하신 목적이 있다.*엡 2:10*

당신은 당신의 목적에 맞게 특별히 만들어졌다.*시 37:4*

하나님의 목적은 행동이 아니라 존재에 있다.*엡 1:4-5*

당신의 모든 삶은 당신의 목적을 준비한다.*롬 8:28*

당신의 목적은 당신보다 더 크다.*행 20:35*

당신의 목적을 위해 댓가를 지불해야 한다.*요 12:24-25*

당신의 목적을 위해 사는 것은 성취감이 있다.*요3서 4*

셋째, 성령의 아홉 가지 열매가 있다. *갈 5:22-23*

하나님과 그리스도를 닮아가는 성품으로 회복시킨다.

사랑, 희락, 화평, 오래참음, 자비, 양선, 충성, 온유, 절제이다.

코칭적인 리더십은 영성과 성령의 열매로 나타난다.

넷째. 사람의 마음 밭인 토양의 변화가 중요하다. *눅 8:4-10*

코칭은 사람들의 인성인 마음을 변화시켜준다.

대부분의 사람들에게 코칭의 적용이 필요하다.

길가 같은 마음 밭을 가진 자들에게 필요하다.

바위 같은 마음 밭을 가진 자들에게 필요하다.

가시 떨기 같은 마음 밭을 가진 자들에게 필요하다.

옥토와 같은 마음 밭으로의 변화들이 필요하다.

다섯째, 예수님은 탁월한 코칭 전문가이시다.

메시지에 결론이나 해결책을 먼저 제시하지 않았다.

항상 제자들의 답변을 들으시고 거기에 반응하셨다.

구체적인 질문을 통해서 제자들을 고민하게 하셨다.

답변들에 대해 구체적으로 평가하시고 칭찬하셨다.

나아가 소망을 주시면서 새로운 대안을 제시하셨다.

마태복음 16장 가이샤랴 빌립보의 이야기이다.

예수님은 제자들에게 물으셨다.

"사람들이 나를 누구라 하느냐?"

제자들이 대답한다.

"엘리야나 예레미야나 세례요한과 같은
선지자 중에 하나라 하더이다"

이때 예수님이 다시 질문하셨다.
"그러면 너희는 나를 누구라 하느냐?"
성질 급한 베드로가 먼저 나섰다.

"주는 그리스도시며 살아계신 하나님의 아들입니다"

대화 속에서 예수님은 제자들에게 바른 대답을 듣기 원하셨다.
그러나 예수님은 처음부터 원하는 답변을 유도하시지 않았다.

제자들이 편하게 말할 수 있는 분위기를 형성하며 질문하셨다.
또한 몇 차례 질문과 답변이 있은 뒤에 본질적 질문을 하셨다.
결국 베드로는 자신이 생각지 못한 위대한 대답을 한 것이다.

성경에 예수님의 말씀 중에 질문이 약 150여 회 정도 나온다.
이때 질문들은 스스로 생각하도록 하는 코칭적인 질문이었다.

예수님의 질문은 개방적이고 부드럽지만 강력한 질문이었다.

이러한 강력한 질문속에서 원하시는 답변들이 도출 되었다.
나아가 원하는 답변을 들으신 후에는 정리와 칭찬이 있었다.

전통적인 가르침의 방식은 목회자가 일방적으로 가르쳤다.
이때 신자들은 무조건 믿음으로 받아들여야 하는 구조였다.
이제는 예수님처럼 코칭의 구조를 목회에 적용해야 한다.
교육 전달방식의 방법과 개념을 다르게 변화시켜야 한다.

여섯째, 상황 진단을 위한 코칭 적용의 말씀 *(전 3:1-8)*

범사에 기한이 있고 천하만사가 다 때가 있나니
태어날 때가 있고 죽을 때가 있으며
심을 때가 있고 심은 것을 뽑을 때가 있으며
죽일 때가 있고 치료할 때가 있으며
헐 때가 있고 세울 때가 있으며
울 때가 있고 웃을 때가 있으며
슬퍼할 때가 있고 춤출 때가 있으며
돌 던질 때가 있고 돌을 거둘 때가 있으며
품을 때가 있고 멀리할 때가 있으며
찾을 때가 있고 잃을 때가 있으며
지킬 때가 있고 버릴 때가 있으며
찢을 때가 있고 꿰맬 때가 있으며

잠잠할 때가 있고 말할 때가 있으며

사랑할 때가 있고 미워할 때가 있으며

전쟁할 때가 있고 평화할 때가 있느니라

결론은 범사에 때와 기한이 있다는 교훈이다.

1) 때로 정반대처럼 보이는 일도 단계와 순서가 있다.

2) 때와 기한을 알고 사는 것이 가장 지혜로운 것이다.

목회도 마찬가지다. 모든 범사에 기한이 있고 때가 있다.

때와 시기를 잘 진단하고 상황에 맞는 사역을 해야 한다.

전도서 말씀을 3단계 행정 목회 코칭의 관점으로 적용하였다.

목회 상황 진단을 위한 3단계 코칭의 응용

범사에 기한이 있고 목회도 다 때가 있나니

사랑할 때가 있고 가르칠 때가 있고 일을 시킬 때가 있으며

아기 때가 있고 청소년 때가 있고 장년의 때가 있으며

부모의 때가 있고 교사의 때가 있고 친구의 때가 있으며

젖 먹일 때가 있고 밥 먹일 때가 있고 고기 먹일 때가 있으며

알려 줄 때가 있고 해석해 줄 때가 있고 질문할 때가 있으며

씨뿌릴 때가 있고 잎사귀 때가 있고 열매 맺을 때가 있으며

하나님의 사랑을 보여 줄 때가 있고 예수님의 말씀을 전할 때가 있으며

성령님의 일하심을 보여 줄 때가 있으며

제사장적인 돌봄의 목회를 할 때가 있고

선지자적인 선포의 목회를 할 때가 있고

왕적인 지도력으로 목회를 할 때가 있으며

목양자일 때가 있고 설교자일 때가 있고 코치일 때가 있으며

섬길 때가 있고 양육할 때가 있고 내보낼 때가 있으며

정적일 때가 있고 지적일 때가 있고 의지적일 때가 있으며

개인적으로 다가갈 때가 있고

소그룹으로 접근할 때가 있고 대그룹으로 진행할 때가 있으며

모을 때가 있고 훈련할 때가 있고 보내야 할 때가 있느니라

3) 신학적 배경

첫째, 하나님의 공유적 속성

인간은 하나님의 형상대로 창조된 영적인 존재이다.

인간은 하나님의 성품을 공유하는 인격적 존재이다.

인간은 영적 인격적 하나님 속성을 공유할 수 있다.

지성, 지혜, 도덕성, 사랑, 선함, 의, 거룩함 등이다.

하나님의 공유 속성과 코칭 목회 배경

인간 내면에서 하나님의 속성을 끄집어 내는 것이다.

인성 덕목의 실행을 위하여 관련된 질문을 해야 한다.

인성 덕목을 회복하기 위해 시도해 본 것이 있는가?

인성 덕목을 회복하기 위해 무엇을 바꿔야 하는가?

인성 덕목을 회복하기 위해 가능한 방법이 있는가?

여기서 인간은 영적 존재로서의 인성 덕목들이 있다.

사랑, 희락, 화평, 오래 참음, 자비, 양선, 충성, 온유, 절제로서

성령의 열매들이다. *(갈 5:22-23)*

인격적 존재로서 인간의 인성 덕목들도 수없이 많다.

경건, 경청, 공감, 공정, 관용, 구제, 규범, 효도, 협동,

긍휼, 기쁨, 나눔, 베풂, 성실, 소통, 신뢰, 신실, 예의,

자비, 정의, 정직, 지혜, 질서, 책임, 충성, 친절이다.

둘째, 그리스도의 의미

그리스도란 머리에 기름 부음을 받은 자를 말한다.
기름 부음을 받은 사람은 제사장, 선지자, 왕이다.
예수님은 선지자, 제사장, 왕적 사명을 감당하셨다.

예수는 자신이 직접 제물이 되셔서 제사장이 되셨다.
하나님 말씀을 직접 전하는 마지막 선지자가 되셨다.
또한 현세와 내세에 영원한 왕으로 다스리고 계신다.

신자들은 영적으로 기름 부음 받은 그리스도인들이다.
그러므로 모든 그리스도인들은 삼중직 사명을 가진다.
특히 모든 목회자는 삼중직과 깊은 연대성을 가진다.

그리스도의 삼중직과 관련한 코칭 목회

목회자는 먼저 목회 현장에 대하여 진단을 해야 한다.
진단에 따라 그리스도의 세 가지 직임을 택해야 한다.
그리고 지금 내게 어떤 직임이 적합한지 찾아야 한다.

그리고 그에 알맞은 위치와 신분, 사역 방향과 역할과
자세를 가지고 맞춤형 코칭 목회 사역을 해야만 된다.

이런 관점에서 코칭 목회는 새로운 방법론이 아니다.
이미 하나님이 계획하시고 보여주신 신학적 원리이다.
때문에 코칭 목회는 마치 목회의 Master key와 같다.

삼중직 의미와 역할과 사명

첫째 예수님은 **제사장**의 직무를 감당하셨다.

그리스도라는 개념에는 제사장이라는 의미가 포함되어 있다.

인자가 온 것은 섬김을 받으려 함이 아니라 도리어 섬기려 하고
자기 목숨을 많은 사람의 대속물로 주려 함이라(막10:45)

제사장은 제사의 의식을 자신이 직접 집전하는 자이다.
제사장은 하나님과 인간 사이의 중보 역할을 하는 자다.
제사장은 백성들을 대표하여 하나님께 나아가는 자이다.

제사장은 자신의 희생으로 죄 문제를 해결하는 자이다.

신약의 예수께서는 자신이 직접 제사의 속죄 제물이 되셨다.

짐승의 피가 아닌 자신의 피를 통해 제사장 사명을 감당했다.

> 그리스도께서 너희를 사랑하신 것 같이 너희도 사랑 가운데서 행하라
> 그는 우리를 위하여 자신을 버리사
> 향기로운 제물과 생축으로 하나님께 드리셨느니라 (엡 5:2)

목회자들도 사랑과 섬김의 제사장적 희생 제물이 되어야 한다.

자신의 희생으로 하나님과 사람 사이에 중보자가 되어야 한다.

둘째, 그리스도는 **선지자**의 직무를 감당하셨다.

그리스도라는 개념에는 선지자라는 의미가 포함되어 있다.

선지자는 하나님의 말씀을 사람들에게 대언하는 자이다.

선지자는 때를 따라 말씀의 양식을 나누어 주는 자이다.

선지자는 하나님의 말씀으로 교훈하고 책망하는 자이다.

> 모든 성경은 하나님의 감동으로 된 것으로
> 교훈과 책망과 바르게 함과 의로 교육하기에 유익하니 (딤후 3:16)

선지자는 하나님께 돌아오라고 외치는 자이다.

선지자는 백성들을 지키는 영적인 파수꾼이다.

선지자란 하나님의 말씀을 전하는 소리꾼이다.

예수께서 선지자로서 하나님의 말씀을 전달하셨다.

전달하신 것뿐만 아니라 친히 말씀 자체가 되셨다.

그 후 성령을 통하여 진리의 말씀으로 인도하셨다.

이후에 목회자들에게 선지자적인 사명이 주어졌다.

선지자가 없으면 하나님의 뜻을 분별할 수가 없다.

선지자가 있어야만 때와 시기를 분별할 수가 있다.

오늘날의 목회자들에게 선지자적 사명이 주어졌다.

셋째, 그리스도는 **왕**의 직무를 감당하셨다.

예수는 모든 민족들과 나라와 백성들과 우주의 왕이시다.

예수는 그리스도의 왕 적인 직분으로 능력들을 행하셨다.

다스리고 지키고 정복하면서 왕적인 직무들을 감당했다.

왕 되신 그리스도는 종말의 최후 승리자이시다.

왕 되신 그리스도는 선하고 의롭게 통치하신다.

왕 되신 그리스도는 마귀와 싸움에서 승리했다.

왕 되신 그리스도는 하나님의 나라를 세우신다.

왕 되신 그리스도는 세상의 역사도 이끌어간다.

왕 되신 그리스도에게는 통치자로서의 리더십이 있다.

왕 되신 그리스도를 믿는 자는 적극성이 있다.

왕 되신 그리스도를 믿는 자는 지도력이 있다.

왕 되신 그리스도를 믿는 자는 자긍심이 있다.

왕 되신 그리스도를 믿는 자는 두려움이 없다.

왕 되신 그리스도를 믿는 자는 평안함이 있다.

코칭 목회의 적용은 교회를 바르게 진단하고 출발한다.

진단 후에 그리스도의 삼중직 중에 선택을 하는 것이다.

그리고 선택에 알맞도록 목회를 실행에 옮기는 것이다.

3. 코칭 사역

1) 셀프 코칭

교회를 세울 때 가장 핵심적인 역할을 하는 자는 목사이다.
때문에 목회자는 자신과 사역에 대한 셀프 코칭을 해야 한다.

> "나는 어떤 종류의 목회자인가?" *존재*
>
> "나는 어디에 목회 비중을 두고 있는가?" *사역*

교회는 그리스도의 몸 된 공동체로서 신앙공동체이다.
몸의 성장 과정에 따라서 맞춤형 목회를 해야만 한다.
이런 맞춤형 목회 접근이 코칭 목회 사역의 핵심이다.

목회자는 코치로서 질문 성격이 성경적인지 판단해야 한다.
나아가 코치로서 코칭 질문의 기술에 대하여 익숙해야 한다.

성경적 질문의 대표 유형은 마태복음 7장 7절에서 발견할 수 있다.
이것은 코칭 목회 지향시 실천해야 할 코칭적 질문이다.

질문이란 닫힌 질문이 아니라 열린 질문이어야 한다.
닫힌 질문이란 기계적이어서 가능성이 없는 질문이다.
열린 질문이란 창조적이어서 가능성이 있는 질문이다.

닫힌 질문은 편향적이고 추궁적이고 폐쇄적 질문이다.
열린 질문은 중립적이고 탐색적이고 개방적 질문이다.

2) 코칭 질문

(1) 편향적 질문에서 중립형 질문으로 변해야 한다.
 * 편향적 질문이란

당장에 답을 기대하는 질문이다.

이쪽 저쪽을 선택하는 질문이다.

도전과 불신과 저항적 질문이다.

니고데모가 이르되 사람이 늙으면 어떻게 날 수 있사옵나이까
두 번째 모태에 들어갔다가 날 수 있사옵나이까 (요 3:4)

* 중립형 질문이란

　　　궁금증을 유발하는 질문이다.

　　　의식을 확장시키는 질문이다.

　　　가능성을 찾게 하는 질문이다.

　　구하라 그리하면 너희에게 주실 것이요 (마 7:7)

(2) 추궁형 질문에서 탐색형 질문으로 변해야 한다.

* 추궁형 질문이란

　　　흑백의 논리적인 질문이다.

　　　급하게 재촉하는 질문이다.

　　　빠른 답을 원하는 질문이다.

　　우리가 가이사에게 세를 바치는 것이 옳으니이까
　　옳지 않으니이까 (눅 20:22)

* 탐색형 질문이란

　　　문제를 풀듯이 하는 질문이다.

　　　보물을 찾듯이 하는 질문이다.

　　　유적 발굴하듯이 하는 질문이다.

　　찾으라 그리하면 찾아낼 것이요 (마 7:7)

(3) 폐쇄형 질문에서 개방형 질문으로 변해야 한다.

* 폐쇄형 질문이란

　　중간에 말을 가로막는 질문이다.

　　Yes와 No를 요구하는 질문이다.

　　생각을 판단하고 심판하는 질문이다.

　그들이 모였을 때에 예수께 여쭈어 이르되
　주께서 이스라엘 나라를 회복하심이 이때이니이까 (행 1:6)

* 개방형 질문이란

　　자기 말을 많이 하도록 기회를 주는 질문이다.

　　엉뚱한 말도 기꺼이 인정해 주는 질문이다.

　　배우고자 하는 마음으로 하는 질문이다.

　문을 두드리라 그리하면 너희에게 열릴 것이니 (마 7:7)

4. 코칭 실습

방향 자신과 타인이 내 목회를 진단하고 평가하는 것이다.

1) 1단계 실습(총론)

    1) 삼위일체 하나님의 일하심과 관련하여

        - 사랑, 말씀, 사역의 목회 중에서

    2) 그리스도의 삼중적인 직임과 관련하여

        - 제사장, 선지자, 왕의 직임 중에서

    3) 주님의 몸 된 교회 성장 단계와 관련하여

        - 어린이, 청소년, 장년 단계 중에서

(1) 셀프코칭   나는 현재…

                  어떤 사역에 집중하고 있는가?

                  어떤 직임에 집중하고 있는가?

                  어떤 단계에 집중하고 있는가?

(2) 1:1 코칭   나를 볼 때…

어떤 사역에 집중하고 있는가?

어떤 직임에 집중하고 있는가?

어떤 단계에 집중하고 있는가?

(3) 그룹 코칭   당신들이 나를 볼 때…

어떤 사역에 집중하고 있는가?

어떤 직임에 집중하고 있는가?

어떤 단계에 집중하고 있는가?

교회 내 그룹 코칭 실습

총론 질문) 우리 교회는 현재 어느 사역에 집중하고 있는가?

1) 삼위일체 하나님의 일하심과 관련
- 사랑. 말씀. 사역의 목회 중에서

2) 그리스도의 삼중적인 직임과 관련
- 제사장, 선지자, 왕의 직임 중에서

3) 주님의 몸 된 교회 성장 단계와 관련
- 어린이, 청소년, 장년 단계 중에서

2) 2단계 실습(각론)

(1) 삼위일체 하나님의 일하심과 관련하여

질문) 현재 나는 몇 단계에 목회 비중을 두고 있는가?

1단계 하나님은 사랑이시라 (요일 4:7-11)

    사랑의 목회를 하고 있는가?

    희생의 목회를 하고 있는가?

    위로와 격려와 치유가 있는가?

2단계 예수님은 말씀이시라 (요 1:1, 14)

    말씀 목회를 하고 있는가?

    양육 목회를 하고 있는가?

3단계 성령님은 능력이시라 (행 1:8)

    은사 활용의 목회를 하고 있는가?

    성령의 충만함을 강조하는가?

    선교적 사역에 집중하고 있는가?

(2) 그리스도의 삼중적인 직임과 관련하여

질문) 현재 나는 몇 단계에 목회의 비중을 두고 있는가?

1단계 제사장적 목회를 하고 있는가?

섬김 사역

돌봄 사역

중보 사역

2단계 선지자적 목회를 하고 있는가?

양육 사역

제자 사역

세움 사역

3단계 왕적인 목회를 하고 있는가?

확장 사역

성령 사역

코칭 사역

(3) 주님의 몸된 교회의 성장 단계와 관련하여

질문) 현재 나는 몇 단계 목회에 비중을 두고 있는가

1단계 어린아이를 돌보듯이 목회를 하고 있는가?

2단계 청소년들을 대하듯이 목회를 하고 있는가?

3단계 장년들을 대하듯이 목회를 하고 있는가?

예1) 수학과 영어는 각 단계에 따라서 가르쳐야 한다.

예2) 모든 스포츠에는 실력에 따라 훈련 단계가 있다.

예3) 걸음마 단계의 아기에게는 뛰라고 할 수가 없다.

결국 행정 목회 코칭 사역은 교회의 신앙적인 수준을 진단하고
진단한 결과에 따라 사역의 집중도를 조절하는 목회 과정이다.

목회상황 진단을 잘못하고 처방 적용하면 에너지만 소모된다.
오히려 사역의 역효과로 인해 목회의 탈진을 가져오게 된다.

그 대안으로 세 가지 성경적 목회 진단 기준을 사용해야 한다.
이후 진단 기준에 따라 목회행정력을 코칭과 융합시켜야 한다.

5. 시대 진단

교회는 깊은 산이나 수도원이 아니라 세상 속에 존재한다.
교회가 이 세상에 존재해야만 하는 하나님의 섭리가 있다.
예수님의 말씀대로 세상에서 빛과 소금 역할을 해야 한다.

교회는 빠르게 변하고 있는 시대에 적응할 수 있어야 한다.
이때에 교회의 본질을 지키면서 복음으로 변화시켜야 한다.
많은 목회자들이 빠른 시대변화의 속도를 따라가지 못한다.

오늘날의 목회 환경은 다원화 전문화로 변화되어가고 있다.
사람들의 가치와 패턴은 물론 교인들의 요구들도 다양하다.
때문에 목회자는 옛날 방식을 고수하는 데서 벗어나야 한다.

무엇보다도 시대 상황을 진단할 수 있는 안목이 요구된다.
교회는 변하는 세상 속에서 시대적 사명을 감당해야 한다.

교회 명칭도 예배당에서 교회로 그리고 신앙공동체로 변했다.

교회 역할도 개 교회에서 지역 교회 중심으로 변화되고 있다.
교회인식도 모이는 교회에서 흩어지는 교회로 변화되고 있다.

목사 명칭도 교역자와 목회자에서 목회지도자로 변하고 있다.
신자 인식도 교회 안 신자에서 교회 밖 신자로 변하고 있다.
선교 개념도 선교하는 교회에서 선교적 교회로 변하고 있다.

또한 이 시대는 가치관과 세계관에서 많은 변화들이 생겼다.
이름하여 포스트모더니즘 *postmodernism* 시대가 되었다.

개인적인 절대적 권위와 주장을 인정하지 않는다.
철저하게 개인 중심의 상대주의와 주관주의이다.
개인의 자율성과 삶의 다양성을 존중하는 시대다.
이런 시대정신은 종교현상 속에도 드러나고 있다.

이제는 강의, 지시, 명령의 모더니즘의 방식을 극복해야 한다.
강요와 답이 아니라 스스로 고민하다 해답을 찾게 해야 한다.
그리고 그에 따른 적합한 목회의 실제적 대안을 찾아야 한다.
그 대안은 개인의 잠재력과 자율성을 최대한 인정해야 한다.
스스로 대안을 찾아내도록 질문하는 코칭 목회를 해야 한다.

하나님께서도 인간 스스로 문제를 찾도록 질문을 던지셨다.

네가 어디 있느냐?

　　　　　하나님과 나 사이의 친밀도를 생각하게 함

네 형제는 어디 있느냐?

　　　　　이웃 사랑에 대하여 생각하게 함

네가 어디서 왔으며 어디로 가느냐?

　　　　　존재의 의미와 사명을 생각하게 함

네 손에 있는 것이 무엇이냐?

　　　　　내가 믿는 것이 무엇인가를 생각하게 함

네가 무엇을 보느냐?

　　　　　보이지 않는 것을 바라보게 함

예수께서도 질문을 통해 사람들이 스스로 답을 찾도록 하셨다.

너희는 나를 누구라 하느냐? (막 16:15)

너희에게 무엇을 해 주기를 원하느냐? (막 10:35)

너희 믿음이 어디 있느냐? (눅 8:25)

네가 이것을 믿느냐? (요 11:26)

네가 나를 사랑하느냐? (요 21:15-17)

네가 낫기를 원하느냐? (요 5:6)

이 시대는 과거처럼 답이 있는 해답 책을 주는 시대가 아니다.
오히려 문제집을 주면서 스스로 고민하고 풀어가게 해야 한다.
결국 이 시대의 신자들은 내면적으로 코칭적 목회를 기대한다.

코칭 목회의 긍정적 효과

목회 구조를 코칭 시스템으로 전환시키는 것이 중요하다.
그럴 때 구성원들 사이에 코이노니아 공감대가 형성된다.

유대감과 연결은 교회의 문제들을 해결하는 효과가 있다.
모든 문제는 지도자와 구성원들 간의 단절에서 비롯된다.
코칭은 구성원들의 상호연결을 위한 적절한 대안이 된다.

모든 인간은 근본적으로 하나님의 형상으로 창조되었다.
코칭 목회는 구성원들이 하나님의 형상을 회복하게 한다.
하나님과 예수님의 코칭 사용 방법 첫 단계는 질문이다.

질문은 곧 도전이고 자극이고 생각하게 만드는 것이다.
질문을 통해서 모든 가능성이 살아나는 것을 경험한다.

질문은 다음과 같은 긍정적인 영향력을 끼친다.

생각하고, 연구하고, 씨름하고, 고민하고, 묵상하고,
회상하고, 점검하고, 깊게하고, 기대하고, 탐구하고,
해결책을 찾아내게 만든다.

진행 단계

  1) **인성 코칭** 신자 *개인과 그룹*
  2) **퍼실리테이터 코칭** 교회 *그룹*

그룹 코칭은 포스트모더니즘 시대에 가장 적합한 방식이다.
과거 모더니즘적인 전통적 일방적 전달 방식들을 탈피한다.
권면, 강조, 강연, 교육, 강의, 전달 형식의 방법을 지양한다.

교회 안에서 다양한 소그룹을 대상으로 어떠한 주제이든지
코칭의 도구를 사용하여 그룹공동체가 스스로 해결방안을
찾아낼 수 있도록 도와주는 자율적인 성격의 워크숍이다.

*실제 그룹 코칭의 적용을 위한 자료들은 이 책의 부록 1, 2, 4번에 첨부하였다.

6. 진단Consulting이 우선

예수님은 병든 자들을 치료하기 위해 오신 의사이시다.
목회자도 교회와 신자들에게 최고 의사가 되어야 한다.

* 목회에서 가장 중요한 것은 진단이다.

목회의 처방보다 중요한 것이 목회 진단이다.

목회의 열정보다 중요한 것이 목회 진단이다.

목회의 순수보다 중요한 것이 목회 진단이다.

목회의 설교보다 중요한 것이 목회 진단이다.

목회의 신학보다 중요한 것이 목회 진단이다.

목회의 재능보다 중요한 것이 목회 진단이다.

목회의 기도보다 중요한 것이 목회 진단이다.

목회의 선교보다 중요한 것이 목회 진단이다.

올바른 질병 진단에서 올바른 처방전이 나오듯이
정확한 목회 진단을 통해 최선의 대안을 얻는다.

목회 진단의 원리와 기준은 성경에 분명하게 제시되어 있다.

첫째, 삼위일체 하나님의 사역

둘째, 그리스도의 삼중직 사역

셋째, 그리스도의 몸 된 교회 세움

1) 진단을 위한 표준

시대 상황, 지역 환경, 교회, 목회자, 신자, 사역 현황들이다.

시대 (포스트모던, 다원주의, 인본주의, 탈권위주의)

지역 (도시 형태, 농어촌, 섬 지역, 전원, 개발지역)

교회 (위치, 시설, 비전, 역사, 환경, 교단, 교인들)

목사 (강점, 단점, 가족, 건강, 전공, 경험, 관계들)

신자 (믿음, 성경 지식, 체험, 연령, 연륜, 생활들)

사역 (예배, 교육, 선교, 봉사, 찬양, 영성, 그룹들)

진단이 정확해야 그에 따른 맞춤 처방 사역을 할 수 있다.
또한 교회에 맞는 처방전에 대한 응용과 적용이 가능하다.

모든 질병에서 가장 중요한 것은 진단

진단이란 의사가 환자의 상태를 정확하게 파악하는 것이다.
그리고 그에 따른 적절한 처치를 위한 근거를 얻는 것이다.

종합병원들은 필수적으로 고가의 진단 기계를 갖추고 있다.
그 이유는 정확한 진단과 처방전을 내릴 수 있기 때문이다.
진단 의료기계만 좋으면 사실 의사가 필요 없을 수도 있다.
진단만 정확하면 처방 약은 약사들도 충분하게 할 수 있다.

2) 진단을 위한 제언

1. 교회 발전(기획) 위원회를 구성하라
- 교회 진단의 필요성을 느끼고 지도자들에게 확산시켜라.
- 발전의 마인드를 가지도록 역동적 분위기를 형성하라.

2. 교회의 역사를 평가하고 질병을 진단하라
피너 와그너 박사의 8가지 교회 병리학을 한국적인 상황에
맞도록 대안을 제시하고 최종적인 해결방안을 제안하겠다.

1) 인구감소 증세

- 선교적 차원에서 합병할 수 있다.

- 교회를 다른 곳으로 옮길 수 있다.

2) 고령화 증세

- 농어촌교회는 한 목회자가 순회 목회로 유지할 수 있다.

- 도시교회는 다음 세대를 위한 프로그램을 도입해야 한다.

3) 상호오해 증세

- 문화 차이를 인정하고 적합한 방법으로 양육하라.

- 신자의 은사에 따른 다양한 프로그램을 개발하라.

4) 친교 과잉 증세

- 제자의 삶은 전도에 있음을 강조하라.

- 불신자에 대한 사랑과 개방의식을 강조하라.

5) 열정 감퇴 증세

- 새신자가 들어오도록 하라.

- 꾸준한 자극과 도전, 기도 및 복음 전도를 강조하라.

- 뜨거운 기도회나 부흥회로 열정적 믿음을 회복시키라.

6) 시설협소 증세

- 주차 시설을 확장하거나 예배 횟수를 늘려라.

- 80%가 차면 시설 확충이나 전용을 계획하라.

- 지교회를 세우는 것도 좋은 방법이다.

- 행정 목회의 핵심은 사역의 위임과 분배이다.

- 다양한 사역 분야에서 지도자들을 양성하라.

- 성장하면 목회 사역을 위임할 수 있어야 한다.

- 지도자 훈련에 대한 장단기 계획을 세워 실행하라.

8) 은사개발 제한증

- 그리스도인은 몸된 교회의 지체임을 알게 하라.

- 각자에게 은사와 역할이 주어졌음을 알게 하라.

- 성령의 은사 필요성과 개방성이 확산되게 하라.

이외에도

신뢰 부재증 *목회자와 교인 사이의 불신*

영적 발전 제한증 *교인들의 영적인 욕구를 채워주지 못함*

등의 질병들이 있다.

3. 진단에 대한 처방을 내려야 한다.

    – 발전위원회에서 진단에 대한 처방책을 강구하라.

    – 교인들의 전체 의견을 수렴하는 방법을 강구하라.

    – 말씀 묵상과 기도 중에 하나님의 지혜를 구하라.

4. 진단과 처방에만 머물지 말고 영적 건강을 추구하라.

    – 교회는 신앙공동체이기에 영적 능력이 가장 중요하다.

    – 목회자 자신부터 하나님과의 살아있는 관계를 가지라.

    – 목회자의 영적인 상태는 그 교회의 영적인 거울이다.

지금까지 교회 진단을 위한 교회 병리학 측면에서 관찰하였다.
그리고 처방책으로 영적 건강 추구를 위한 해법을 제시하였다.

그런데 이 책에서 핵심적으로 끊임없이 강조하는 것이 있다.
바로 해법에 대한 최종적인 대안이 바로 코칭이라는 점이다.
신자들은 모두 제사장 선지자 왕 같은 위치에서 일하는 자다.
코칭은 결국 신자들을 하나님 나라 확장에 참여시키는 일이다.

이 책 서론부터 지금까지는 행정 목회 코칭의 원리에 해당한다.
다음 장부터는 성경적 신학적인 세 가지 진단 기준들을 근거로
코칭 관점에서 단계별로 실제적 맞춤 처방전을 제시할 것이다.

3부 3단계 행정 목회 코칭의 실제

제 1단계 **사랑 행정 목회 코칭**

1) 요약과 실습

모든 사역의 배경에는 코칭적인 마인드가 필요하다.
작은 교회의 목회자들에게도 목회 행정이 필요하다.
다른 점은 교회의 외적 규모에 차이가 있을 뿐이다.

사랑의 코이노니아로 예수를 만나고 경험하게 한다.
사랑 실천의 섬김 사역은 작은 교회 핵심 사역이다.
하나님의 사랑을 실제로 실천하는 성육신 목회이다.
그리스도의 제사장 사역을 실천하는 희생 사역이다.

아비의 심정으로 섬기는 사역에 전력투구해야 한다.
사람을 격려하고 위로하는 돌봄적인 목회 사역이다.
신자들의 허물들과 약점들을 알면서도 다가가야 한다.
신자들이 없을 땐 설교와 행정과 코칭도 의미가 없다.

작은 교회는 목회자의 사랑과 개인적 관심 때문에 온다.

신자 대부분 신앙적으로 미숙하거나 어린아이 수준이다.

이들의 요구는 사명과 충성이 아니라 격려와 칭찬이다.

목사의 영향력은 성경 교리가 아니라 신앙적인 삶이다.

신자들의 신앙 단계 수준까지 내려가서 출발해야 한다.

하나님은 성육신 사건을 통해 자기 자신을 내려 놓으셨다.

사도 바울도 대상에 따라 그들 눈높이에 자신을 맞추었다.

신자들의 신앙 단계에 알맞는 눈높이의 사역이 필요하다.

그들을 살리려면 그들 속으로 In-carnation 들어가야 한다.

그들을 세우려면 그들 밑으로 Under-stand 들어가야 한다.

신자의 상태는 아이이며 목회자는 부모의 마음을 품어야 한다.

설교는 쉽게 서술형으로, 전달방식은 개론과 해답이 필요하다.

당장의 열매보다는 씨앗을 심고 뿌리고 가꾸는 것이 중요하다.

목사의 영적인 위치는 제사장이고, 사역의 자세는 목양자이다.

모든 사역 초점은 돌봄 격려 치유 사랑 섬김 긍휼이어야 한다.

인격의 세 가지 요소에서 정情적인 행정력을 발휘해야 한다.

다양한 목회 사역 분야

다多사역자는 특별 관리 대상으로 삼고 관심을 가져야 한다.
차량과 목양실은 항상 간식과 은혜의 찬양이 준비되어야 한다.
계절과 교회력에 따라 코이노니아를 소모임별로 가지게 한다.

믿음의 행위들이 보이면 아낌없는 감사와 칭찬과 격려를 한다.
주님의 심정으로 가지고 한 사람 한 사람에게 접근해야 한다.
생활의 현장에 동행하면서 사랑의 수고를 아끼지 말아야 한다.

● 코칭 실습

주제 제사장 목회란 무엇인가?

질문 코칭 도구 *ENOW* 각 질문에 5개씩 답하고 나누라

1) 제사장은 어떤 사람?	나는 이렇게 생각한다
2) 제사장이 왜 필요?	이런 이유로 필요하다
3) 제사장 목회가 힘든 이유?	이런 장애가 예상된다
4) 제사장 목회는 어떻게?	이런 방법이 좋겠다

주제 응용

    1) 하나님의 **사랑 목회** 이해 (사랑 목회란 무엇인가?)

    2) 어린아이 **돌봄 목회** 이해 (돌봄 목회란 무엇인가?)

도구 응용 *아이디어 발산의 방법*

    1) 육감만족도 *(시각 청각 미각 후각 촉각 육감)*

    2) 임의 단어법 연상 *(주변 물건과 연결)*

                               (신문, 책에 볼펜이 떨어진 곳의 단어와 연결)

2) 사랑 목회 출발과 질문

교회는 벧엘*Bethel*로서 하나님이 주인인 하나님의 집이다.

하나님의 가장 큰 속성은 사랑이며 사랑에서부터 시작한다.

목회의 첫째 단계는 사랑의 코이노니아 사역부터 시작된다.

참 목회의 출발은 하나님의 사랑으로 성도들을 돌보는 것이다.

    이에 의인들이 대답하여 이르되 주여

    우리가 어느 때에 주께서 주리신 것을 보고 음식을 대접하였으며

    목마르신 것을 보고 마시게 하였나이까

    어느 때에 나그네 되신 것을 보고 영접하였으며

헐벗으신 것을 보고 옷 입혔나이까 어느 때에 병드신 것이나
옥에 갇히신 것을 보고 가서 뵈었나이까 하리니
임금이 대답하여 이르시되 내가 진실로 너희에게 이르노니
너희가 여기 내 형제 중에 지극히 작은 자 하나에게 한 것이
곧 내게 한 것이니라 (마 25:37-40)

목마르고 나그네 되고 헐벗고 병들고
감옥에 갇혀 있고 작고 소외된 자들을 사랑하는 것은
곧 예수님에게 하는 행위들이다.

그들에게 이르시되 누구든지 내 이름으로
이런 어린 아이를 영접하면 곧 나를 영접함이요
또 누구든지 나를 영접하면 곧 나를 보내신 이를 영접함이라
너희 모든 사람 중에 가장 작은 그가 큰 자니라 (눅 9:48)

이 땅에서 영적으로 어린아이 같은 자를 귀하게 여기고
사랑하는 것은 곧 주님을 사랑하는 행위가 되는 것이다.

예수께서 이르시되 네 마음을 다하고 목숨을 다하고 뜻을 다하여
주 너의 하나님을 사랑하라 하셨으니
이것이 크고 첫째 되는 계명이요 둘째도 그와 같으니
네 이웃을 네 자신 같이 사랑하라 하셨으니
이 두 계명이 온 율법과 선지자의 강령이니라 (마 22:37-39)

삶에서 가장 가치있는 일은 하나님과 이웃을 사랑하는 것이다.

십계명과 율법을 압축한 내용을 한 마디로 요약하면 사랑이다.

하나님을 사랑(1-4)하는 것과 이웃을 사랑(5-10)하는 것이다.

> 누구든지 하나님을 사랑하노라 하고 그 형제를 미워하면
> 이는 거짓말하는 자니
> 보는 바 그 형제를 사랑하지 아니하는 자는
> 보지 못하는 바 하나님을 사랑할 수 없느니라.
> 우리가 이 계명을 주께 받았나니 하나님을 사랑하는 자는
> 또한 그 형제를 사랑할지니라 (요일 4:20-21)

진정 하나님을 사랑하는 사람은 사람들을 사랑하게 되어있다.

하나님을 주인으로 섬기는 자들은 저절로 사랑이 흘러나온다.

하나님 자신이 사랑이시기 때문이다.

> 예수께서 들으시고 이르시되 건강한 자에게는 의원이 쓸데 없고
> 병든 자에게라야 쓸데 있느니라 (마 9:12)

하나님과 관계가 멀어지고 깨어진 사람들은 병든 자들이다.

하나님보다 다른 것을 더 사랑하는 자들은 병든 자들이다.

하나님 사랑의 마음을 품은 의사 같은 목회자가 필요하다.

그러므로 교회는 먼저 이런 공동체가 되어야 한다.

사랑의 공동체이다.
온유 겸손 절제 세워줌이 우선이다.

가족 같은 공동체이다.
이해 긍휼 동행 나눔이 우선이다.

영적인 종합병원이다.
위로 격려 치유 돌봄이 우선이다.

천국의 지점이다.
기쁨 행복 찬양 감사가 우선이다.

삶의 안식처이다.
평안 쉼 코이노니아가 우선이다.

도피성이다.
용서 보호 지킴 평안이 우선이다.

새 계명을 너희에게 주노니 서로 사랑하라
내가 너희를 사랑한 것 같이 너희도 서로 사랑하라. 너희가 서로 사랑하면
이로써 모든 사람이 너희가 내 제자인 줄 알리라 (요 13:34-35)

사랑 목회를 위한 성경적 질문

신앙고백인 **"성도가 서로 교통하는 것"** 믿고 실천해야 한다.

● 초대교회가 성장했던 원인? (행 2:42)

● 믿음 소망 사랑 중에서 제일? (고전 13:13)

● 온 율법과 선지자들의 강령? (마 22:34-40)

● 십계명의 정신을 하나로 요약? (출 20:1-17)

● 바리새인들이 책망받은 이유? (마 23:23)

● 하나님의 가장 기본적인 속성? (요일 4:7-11)

● 하나님의 아들을 세상에 보내신 이유? (요 3:16)

● 십자가에서 하나님이 확증하신 것? (롬 5:8)

● 높아지고자 하는 자가 먼저 행할 것? (마 20:26-28)

● 작은 자에게 선행한 것이 누구에게 한 것? (마 25:40)

●예수께서 이 세상에 오신 이유? (막 10:45)

3) 성육신 목회 요구와 진단

성육신은 하나님이 인간의 자리까지 낮아지신 사건이다.

성육신은 사랑 목회로서 제1단계의 배경과 뿌리가 된다.

성육신 목회란 교회의 눈높이에 맞추는 맞춤형 목회이다.

성육신 사건은 예수님 사역의 양면성을 보여 주고 있다.

성육신은 하나님과 사람을 함께 사랑하는 목회 원리다.

> 태초에 말씀이 계시니라 이 말씀이 하나님과 함께 계셨으니
> 이 말씀은 하나님이시니라 (요 1:1)

> 말씀이 육신이 되어 우리 가운데 거하시매
> 우리가 그의 영광을 보니 아버지의 독생자의 영광이요
> 은혜와 진리가 충만하더라 (요 1:14)

(1) 성육신을 통한 하나님의 라이프스타일 *Life style*

사람들의 **인생관**人生觀을 보여주고 있다.

피조물의 인생관은 이타주의 삶이어야 한다.

신자들의 **신앙관**信仰觀을 보여주고 있다.

평신도의 신앙관은 사랑의 실천이어야 한다.

목사들의 **목회관**牧會觀을 보여주고 있다.

목회자의 목회관은 사랑과 섬김이어야 한다.

성육신은 목회의 원리, 출발, 방법, 목적, 자세를 가르쳐 준다.

① 목회 원리 **사랑** (눅 15:4)

> 너희 중에 어느 사람이 양 일백 마리가 있는데
> 그 중에 하나를 잃으면 아흔아홉 마리를 들에 두고
> 그 잃은 것을 찾도록 찾아 다니지 아니하느냐

② 목회 출발 **코이노니아** (마 1:23)

> 보라 처녀가 잉태하여 아들을 낳을 것이요
> 그의 이름은 임마누엘이라 하리라 하셨으니
> 이를 번역한즉 하나님이 우리와 함께 계시다 함이라

③ 목회 방법 **섬김** (막 10:45)

> 인자가 온 것은 섬김을 받으려 함이 아니라 도리어 섬기려 하고
> 자기 목숨을 많은 사람의 대속물로 주려 함이니라

④ 목회 목적 **영혼 구원** (요 3:16)

하나님이 세상을 이처럼 사랑하사 독생자를 주셨으니
이는 그를 믿는 자마다 멸망하지 않고 영생을 얻게 하려 하심이라

⑤ 목회 자세 **겸손** (빌 2:5-8)

너희 안에 이 마음을 품으라 곧 그리스도 예수의 마음이니
그는 근본 하나님의 본체시나... 자기를 비워 종의 형체를 가지사
사람들과 같이 되셨고 사람의 모양으로 나타나사
자기를 낮추시고 죽기까지 복종하셨으니 곧 십자가에 죽으심이라

(2) 성육신 목회를 위한 요구와 자세

요구 목회의 사역과 능력보다 개인 성품이 우선이다.

개인적 만남으로 인성 코칭의 접근이 필요하다.

교회사역의 모든 일에 앞서 솔선수범해야 한다.

기쁠 때 같이 기뻐하고 슬플 때 같이 슬퍼하라.

신자들 속으로 들어가야 한다. *In-carnation*

신자들 아래로 내려가야 한다. *Under-stand*

교회를 비우지 않고 지키는 것도 목회의 부분이다.

가능한 한 교회 밖의 대외적인 활동들을 축소하라.

자세   불평하고 원망을 해도 온유함을 유지해야 한다.

사역 결과보다 참여의 과정을 중요시해야 한다.

신자의 삶의 모습을 이해하도록 노력해야 한다.

신앙적 코이노니아 사역이 핵심이 되어야 한다.

자식을 사랑하는 아비의 마음으로 섬겨야 한다.

목사의 진정한 권위는 섬김의 모습에서 나온다.

목회자는 하나님과 사람을 섬기는 종일 뿐이다.

모든 일의 우선순위는 언제나 교인임을 잊지 말라.

한 영혼이 천하보다 귀하다는 마음을 가져야 한다.

공감과 경청의 자세는 메시지보다 항상 우선이다.

(3) 성육신 목회를 위한 사역과 진단

진단

신자들은 목사의 모든 것을 그대로 답습한다.

교회 건물이 교회가 아니라 사람이 교회이다.

사람이 없을 때는 말씀도 행정도 무의미하다.

부족함과 허물과 약점이 많은 것이 정상이다.

목회자와 신자는 은혜받는 것에 차이가 있다.

목사의 사랑과 관심이 교회를 찾아오게 한다.
신자들은 자기들만 사랑하는 목회자를 원한다.
영적인 어린아이는 말씀보다 사랑이 우선이다.
작은 일에 최선을 다할 때 신자들이 감동한다.

사역

말씀을 전달하는 것보다 인간관계가 우선이다.
교인들을 사랑하는 목사가 영적인 목회자이다.

교인들 자녀들의 이름들을 기억하고 불러주라.
교회 예배에 참석한 자가 결국 전도자가 된다.

영적인 어린아이는 반드시 성장시켜야만 한다.
전도 대상에 따라 변화와 적응이 있어야 한다.

성직자이기 전에 먼저 사람이 되어야만 한다.
중보기도는 사랑의 삶을 위한 필수 요건이다.

4) 목회 적용을 위한 진단과 실습

(1) 진단

● 교회 진단

* 교세 상황 / 작은 교회, 소형교회

   재정적인 자립도에서 미자립한 교회.

   교회의 규모면에서 100명 미만의 교회.

   펜데믹 이후 교회 생존과 씨름하는 교회.

   해결책) 코이노니아를 활성화 시키라.

* 목회 진단 / 사랑이 필요한 교회, 치유가 필요한 교회

   작은 교회일수록 개인적인 사랑이 필요하다.

   소수의 인원일수록 세심한 관심이 필요하다.

   큰 교회에서 느끼지 못하는 사랑이 필요하다.

   해결책) 가정과 같은 공동체를 세우라.

애굽의 삶과 같은 피해의식을 사는 자들이다.

교회 나오기 전의 세상적인 생활에 익숙하다.

교회는 참여하지만 세속적 가치관을 가진다.

세상의 왕인 사탄의 유혹에 쉽게 넘어간다.

해결책) 수용하고 인내하고 공감하라.

● 목회자 진단

전제) 내게 있는 모든 것들은 하나님이 주신 것이다.

하나님이 주신 것들은 하나님을 위한 도구이다.

은사를 발견하고 하나님 영광을 위해 사용하라.

영적인 은사는 성령께서 주신 선물이다.

육적인 은사도 하나님이 주신 선물이다.

해결책) 하나님이 주신 은사를 소멸하지 말라.

* 그리스도의 삼중직 사역 / 제사장

신자들을 위해 하나님께 중보기도 사명이 있다.

다스리는 지배자가 아니라 몸으로 섬기는 자다.

예배를 인도하는 자가 아닌 예배자이어야 한다.

말이 아니라 삶이다.

해결책) 중보와 섬김과 희생적인 목회를 하라.

* 목사 역할 / 부모님

목사는 신자들에게 부모님과 같은 존재이다.

신자들의 아픔에 진정성 있게 공감해야 한다.

신자들은 목사에 대한 자부심이 있어야 한다.

신자들의 연약함이 드러나도 판단하지 않는다.

신자의 연약함은 목회자에게 섬김의 영역이다.

해결책) 아비가 자식을 사랑하는 심정으로 목회하라.

* 목회 자세 / 목양자, 양치기, 목자, 목동

나는 선한 목자라
선한 목자는 양들을 위하여 목숨을 버리거니와
삯꾼은 목자도 아니요 양도 제 양이 아니라
이리가 오는 것을 보면 양을 버리고 달아나나니
이리가 양을 늑탈하고 또 헤치느니라 (요 10:11-12)

목사는 사명이지 직업이 아니다.

신자들의 삶에 언제나 함께하라.

신자들의 신앙을 끝까지 돌보라.

해결책) 예수의 선한 목자상을 회복하라.

● 평신도 진단

* 신자진단 / 어린아이

말씀보다는 사랑이다.

사명과 비전에는 관심 없다.

말씀의 기초가 약하다.

보이는 것에 더욱 치중한다.

원리보다 방법에 치중한다.

하나님의 뜻에 관심이 없다.

사람을 더욱 의지한다.

전체를 보는 안목이 약하다.

철저히 자기 중심적이다.

자신의 만족만을 추구한다.

선악의 분별력이 약하다.

하나님에 대해 알지 못한다.

세상적 기준이 우선이다.

신앙의 질서와 원칙이 없다.

영적 훈련을 받지 못했다.

작은 일에도 시험에 든다.

성경 말씀을 가까이 않는다.

은혜받은 영적 체험이 없다.

해결책) 외모를 보지 말고 영혼의 상태를 보고 접근하라.

* 인간 존재 / 육에 속한 사람, 땅에 속한 사람

육에 속한 사람은 하나님의 성령의 일들을 받지
아니하나니 이는 그것들이 그에게는 어리석게
보임이요, 또 그는 그것들을 알 수도 없나니 그러
한 일은 영적으로 분별되기 때문이라 (고전 2:14)

이 세상의 세속적인 악의 유혹에 쉽게 넘어간다.

성령의 감동에 순종하는 것을 어리석게 생각한다.

영적인 것을 모르기에 분별력이 약하거나 없다.

해결책) 성령을 체험하게 하라.

* 신자 구분 / 교인, 옛 사람, 종교인, 등록 신자

너희는 유혹의 욕심을 따라 썩어져 가는 구습을 좇는 옛 사람을 벗어 버리고 (엡 4:22)

대부분이 신앙인이 아니고 종교인이다.

세상적인 옛 습관을 벗어버리지 못한다.

해결책) 성도의 코이노니아에 참여하게 하라.

* 신자 마음 / 세상을 사랑하는 마음

이 백성이 입술로는 나를 공경하되 마음은 내게서 멀도다 (마 15:8)

하나님보다 보이는 세상을 더 사랑한다.

해결책) 신앙적인 경건 생활에 힘쓰게 하라.

* 인격 구분 / 정情으로 접근

지식과 행동보다 정적인 것이 우선이다.

해결책) 크고 작은 일에 감동을 심어주어라.

* 나무 성장 / 씨앗, 뿌리

단기적인 열매를 기대하지 말아야 한다.

생명의 씨앗을 뿌리고 심는데 집중하라.

물을 줄 때 뿌리가 있는 식물은 성장한다.

해결책) 신실함과 인내로 최선을 다하라.

● 말씀 진단

* 설교 내용 / 젖, 분유, 죽, 부드러운 음식

형제들아 내가 신령한 자들을 대함과 같이
너희에게 말할 수 없어서
육신에 속한 자 곧 그리스도 안에서
어린 아이들을 대함과 같이 하노라
내가 너희를 젖으로 먹이고 밥으로 아니하였노니
이는 너희가 감당하지 못하였음이거니와
지금도 못하리라 (고전 3:1-2)

밥, 고기, 단단한 음식은 소화시킬 수가 없다.

영적 말씀을 먹여주어도 소화 시키지 못한다.

말씀을 스스로 묵상할 수 있는 능력이 없다.

해결책) 말씀을 듣는 자의 신앙 수준에 맞추라.

* 설교 전달 / 관찰, 주제, 개론, 설계도

설교 내용을 쉽게 전달할 수 있어야 한다.

신앙적인 교리보다 인생의 이야기를 하라.

해결책) 말씀 깊이보다 방향성과 기본에 충실하라.

● 사역 진단

* 삼위일체 / 성부 하나님의 사랑

목사는 빛이 아니라 빛을 받아서 비추는 반사체다.

목사는 하나님 사랑을 그대로 비추어 주는 자이다.

해결책) 사랑의 실천을 다양한 코칭 도구로 접근하라.

* 행정력 / 모임, 친교, 교제, 사귐, 코이노니아

그들이 사도의 가르침을 받아
서로 교제하며 떡을 떼며(행 2:42)

초대교회 부흥의 바탕에는 성도의 교제가 있었다.

건강한 공동체의 첫 번째 단추는 코이노니아이다.

해결책) 성도의 교제를 레포 코칭으로 접근하라.

* 코칭 방향 / 개인 인성, 하나님의 형상 회복

그룹보다 개인적인 인성 덕목의 회복이 중요하다.

초대교회 신자들은 착하고 칭찬 듣는 사람이었다.

해결책) 성령의 열매를 나누는 코칭으로 접근하라.

* 목회 방향 / 섬김, 관심, 돌봄, 격려, 코이노니아

목회의 현장은 곧 돌봄의 현장이 되어야 한다.

섬기고 돌보는 '목양적 사역' 이 일어나야 한다.

섬김의 DNA가 목회 모든 분야에 흘러야 한다.

해결책) 섬김을 위한 코칭의 도구를 사용하라.

* 예배 의식 / 잔치, 나눔, 기쁨, 축제, 찬양

예배란 기본적으로 잔치와 축제의 의미이다.

예배는 하나님을 기쁨으로 섬기는 축제이다.

잔치 자리는 기쁨과 감사와 즐거움이 있다.

열정적인 찬양으로 하나님을 향하게 만든다.

해결책) 예배를 주제로 한 코칭을 시도하라.

* 목회 비중 / 3-2-1

1단계는 사랑 목회에 1순위 비중을 둔다.

2단계는 말씀 목회에 2순위 비중을 둔다.

3단계는 사역 목회에 3순위 비중을 둔다.

해결책) 동시에 진행하되 비중을 조율하라.

(2) 실습

● 기획 실습

  * **주제** 사랑 목회의 실천을 위한 어떠한 주제도 무관하다.

● 코칭 실습

  * **주제** 1단계 핵심인 사랑중에서

    코이노니아를 위한 인성 덕목 중에서 선택

  * **진행 방법** 일대일 및 그룹별

1) 개인 인성 코칭

  1단계) 라포형성

  2단계) 목표설정

  3단계) 가능성

  4단계) 실행계획

  5단계) 마무리

  * **진행 방법** 부록 2번 참고

인성 덕목 중에 부족한 덕목을 목표로 삼으라

경건, 경청, 공감, 공정, 관용, 구제, 규범, 긍휼, 기쁨, 나눔, 리더십, 베풂, 사랑,

성실성, 소통, 선함, 신뢰, 신실, 예의, 온유, 인내, 자비, 자기주도성, 자기통제,

절제, 정의, 정직, 존중, 지혜, 질서, 책임, 충성, 친절, 평화, 협동, 효도 등.

2) ENOW 도구

*방법 각각의 질문에 5개 이상을 기록하고 나누라

   Equal 코이노니아란 무엇인가? *(정의)*

   Needs 교회에서 코이노니아가 필요한 이유?

   Obstacle 코이노니아가 힘든 이유?

   Way 그럼에도 어떻게 코이노니아를 실천할까?

   => 최종 실천 (3W 정리 : 육하원칙 중 3개 이상을 적용)

3) 인정하고 칭찬하기

*방법 각각의 질문에 5개 이상을 기록하고 나누라

   => 상대방 인정하기 : 존재에 대하여

   => 상대방 칭찬하기 : 행위에 대하여

4) 질문 느낌 카드 선택

> **＊방법** 50장의 카드 중에서 자신의 과거, 현재, 미래를
>
> 의미하는 것을 찾아서 대화하게 하라
>
> => 다양한 관점에서 과거, 현재, 미래를 구분하라

5) 사역의 적용 사례와 도표

전제 첫째, 코이노니아가 사역의 핵심이 되어야 한다. *신자 만들기*

둘째, 코칭적인 접근으로 사역을 풀어가야 한다.

(1) 사역 분야

＊말씀 *설교*

성도들은 목사의 설교를 그의 삶의 모습을 연상하며 듣는다.

도입부에서 친밀감 형성이 중요하다.

레포 형성, 정신적, 환경적, 시대적 교감 나눔

내용 면에서 올바른 말씀 전달이 중요하다.

답, 개론, 믿음, 주제, 관찰, 설계도, 스케치

메시지에서 말씀의 최종적인 초점이 중요하다.

위로, 격려, 치유, 은혜, 긍휼, 사랑, 섬김, 나눔

* 전도 선교

지역 주민은 어떤 종교를 가졌든지 모두 전도 대상이다.

그러므로 불신자들과 관계에서 원만한 교제를 유지하라.

한 영혼의 구원을 위한 사역에 우선순위를 두어야 한다.

* 심방

개인 심방 사역에 집중하라. 만남과 교제

대상에 따라 심방 대원을 구분하라. 눈높이

칭찬과 격려와 위로를 아끼지 말라. 격려

대화의 주인공은 심방 가정이 되라. 관심

기 신자와 새 신자의 접촉을 조정하라. 감동

대면과 비대면으로 접촉의 폭을 넓히라. 미디어

* 다多 사역자

특별한 관심이 필요하다. (VIP 신자 관리)

개인적 / 미디어, 선물, 격려, 상담, 식사, 애경사

공적 / 정보와 자료 제공, 연말 시상, 특별기도

* 반주자 관리

　　공적 자리에서 칭찬과 축복기도를 해주라.

　　실수했을 때도 쓰임 받고 있음을 격려하라.

　　자기 발전을 위한 레슨의 기회를 제공하라.

* 성가대 *찬양대*

　　정기적인 그룹 코칭으로 자긍심을 높여주라.

　　찬양 후 받은 은혜를 나누며 축복기도 하라.

* 찬양단 관리

　　찬양 연습을 함께 하며 수시로 중보 기도하라.

　　단복, 간식, 다과, 식사 등으로 관심을 표하라.

　　찬양, 세미나, 코칭 등으로 사명감을 심어주라.

* 방송, 음향 담당자

　　관련 정보를 습득할 수 있는 기회를 제공하라.

　　공적 중보기도로 축복하고 행사 후 칭찬하라.

　　견학과 탐방으로 격려와 사명 의식을 고취하라.

* 악기 사역자

행사를 마친 후에는 항상 다양한 격려를 잊지 말라.

다양한 악기, 찬양, 음악 발표의 현장을 조성해주라.

* 중창단 관리

소속감과 자긍심을 위해 유니폼을 맞춰주라.

다양한 행사와 사역 후에 반드시 격려하라.

* 환자 관리

수시 심방과 함께 구역, 기관, 소그룹 리더와 연결하라.

입원, 퇴원, 수술, 호전시에 기도와 축하를 아끼지 말라.

* 사업자와 자영업자

주 1회 또는 매월 첫날 방문하여 축복하라.

홍보와 연결로 적극적인 관심을 표현하라.

* 직장인과 회사원

경비실, 마트, 연구실은 점심시간을 활용하라.

* 청년, 대학생

동아리, 시험, 미디어로 소통하며 진로에 관심을 가지라.

*특별 헌물자

특별 기도와 축복과 증거를 남겨 주라.

상황에 따라 감사와 격려를 표현하라.

*식사 방법

주일마다 구역, 기관, 부서별로 애찬의 교제를 하라.

수고한 담당자에게 진솔한 칭찬과 감사를 표현하라.

*식당 봉사

구역별, 기관별, 소그룹, 연합회별로 담당하게 하라.

준비하면서 자연스러운 코이노니아를 갖게 하라.

모든 식사를 마친 후에 다양한 방법으로 칭찬하라.

*식당 부족

의자 이동과 돗자리 사용.

순서대로 식사하게 하라.

교육관 친교실 식당 세미나실 등 다용도로 사용하라.

*구제 사역

독거노인, 소년소녀가장, 과부 등은 형편을 살피라.

수시로, 연말·연초, 절기 때마다 사랑을 표현하라.

＊ 예배 준비

가능하면 교회 건물 밖까지 안내위원을 배치하라.

예배 위원들에게 매주 격려와 중보기도를 해주라.

예배 위원들의 표정, 의복, 태도, 언어에 칭찬하라.

하절기 오후 예배시 건강 운동과 스트레칭을 하라.

＊ 경조사 대응

각종 애경사 결혼, 임신, 출생, 돌, 백일, 취직, 퇴원, 졸업, 승진, 입학 등

개인, 공적으로 축하하고 주보에 게시하라.

그룹 내에서 가족 의식을 가지고 교제의 기회로 활용하라.

＊ 교회 차량, 목양실, 로비

간식, 음악, 다양한 사진 전시로 따뜻한 분위기를 연출하라.

식사 때마다 당시 상황에 맞는 음악과 찬양으로 함께 하라.

＊ 절기 행사

계절과 교회력에 따라서 코이노니아를 진행하도록 하라.

야유회, 등산, 전시회, 운동회, 음악회, 발표회를 가지라.

찬양대회, 연극, 율동, 성경 암송, 성경 퀴즈를 진행하라.

바자회, 반찬 나눔, 가정 돌보기, 요양원 섬김을 가지라.

* **삶의 나눔**

   취직, 병원, 요양, 복지, 보험 등에 관심을 가지고 안내하라.

   개인뿐 아니라 가족들의 삶에까지 진심 어린 관심을 가지라.

* **교인이 우선**

   목회자 개인적인 애경사보다 교인들 애경사를 우선하라.

   많은 말보다는 가족 의식을 가지고 진정한 삶을 나누라.

* **기도 나눔**

   중보기도를 위하여 진정성 있는 관심과 사랑을 나누라.

   가족 건강 사업 자녀 신앙 진로 애경사 등을 중보하라.

* **말씀 나눔** 성경 말씀을 주제별, 단계별, 직분별, 사역별로 나누라.

* **찬양 나눔** 구역별, 기관별, 부서별, 셀별, 가족별, 성별로 나누라.

위의 예시한 것 외에도 다양한 분야에서 응용 적용할 수 있다.

   종합하면 1단계 목회 뿌리는 삼위일체 하나님의 교제에 둔다.

   삼위의 하나님은 서로 간에 깊은 코이노니아를 공유하고 있다.

   1단계 사랑 목회의 핵심은 코이노니아를 풍성케 하는 것이다.

성부 하나님의 마음인 **사랑**의 표현이다.

성자 예수님의 제사장 사역인 **섬김**이다.

성령 하나님의 **위로와 격려**의 마음이다.

(2) 목회 자세

관계가 중요하다.

희생에 용감하라.

인내는 기본이다.

상처를 각오하라.

열정이 목회이다.

만남을 기뻐하라.

눈물이 축복이다.

경청이 목회이다.

작은 일은 없다.

땀을 아끼지 말라.

신실함은 기본이다.

외부활동을 줄이라.

공감대를 유지하라.

교회를 비우지 말라.

한 사람이 중요하다.

기도의 자리를 지키라.

작은 것을 귀히 여기라.

긍정적인 자세를 가지라.

사랑에는 수고가 따른다.

지식과 목회는 별개이다.

(3) 요약 도표

구분	진단	1단계				
교회	교세상황	작은교회	목회초점	사랑목회	교회모습	애굽
목회자	삼중직	제사장	목사역할	부모	목회자세	목양자
평신도	신자진단	어린아이	인간존재	육	신자구분	교인
	신자마음	세상사랑	인격구분	정적	나무성장	씨앗 뿌리
말씀	설교내용	젖, 분유	설교전달	해답		
사역	삼위일체	하나님	행정력	코이노니아	코칭방향	개인
	목회방향	섬김	예배의식	축제	목회비중	3-2-1

제 2단계 **말씀 행정 목회 코칭**

1) 요약과 실습

모든 말씀 사역의 배경에는 코칭적인 마인드가 필요하다.
말씀 중심 목회는 작은 교회를 벗어나는 핵심적 사역이다.
교회나 목회의 모든 출발은 말씀을 전하는 강단 사역이다.

하나님의 말씀 안에서 예수를 만나고 경험하게 해야 한다.
말씀은 교회를 세우는 나침판이고 양들을 살리는 양식이다.

1단계에만 집중하면 작은 교회와 아이 신앙에 머물게 된다.
이때부터 목사의 메시지와 함께 양육이 큰 영향력을 끼친다.

복음의 말씀을 전달하고 양육하는 일에 전력투구해야만 한다.
복음의 핵심 내용을 반복하여 전할 수 있는 용기가 필요하다.
뜨거운 영성과 더불어 설교의 개념을 정확히 인식 해야 한다.

그리스도의 삼중직 중에 선지자적 사명을 감당하는 사역이다.

2단계의 진단에서는 신자들은 학생들이고 목회자는 교사이다.
말씀 전달은 말씀의 배경 이해와 함께 강해 설교가 필요하다.

나무가 성장하는 관점에서는 새싹, 줄기, 잎사귀의 모습이다.
목회자의 영적 위치는 선지자이며 사역의 모습은 설교자이다.
사역의 방향은 양육과 훈련으로 지(知)적으로 접근해야 한다.

다양한 목회 사역 분야

말씀은 개론槪論에서 학學으로 믿음에서 따름이어야 한다.
주제와 제목에서 강해로 관찰에서 해석과 교리가 되어야 한다.
목사의 언어는 긍정적이고 적극적이며 확신에 차 있어야 한다.

교리가 약하면 분별력이 약해지고 성장 기초가 무너지게 된다.
신앙수준, 연령, 단계, 직분별로 양육 행정체계를 세워야 한다.

말씀의 효과적인 전달을 위해 예배의 찬양이 살아있어야 한다.

찬양은 온몸을 다하여 열정과 사모함으로 뜨겁게 불러야 한다.

말씀의 효과적인 흡수를 위해 기도의 영성이 살아있어야 한다.

신자들은 목회자의 열정적 모습을 보고 말씀에 은혜를 받는다.

주일 설교 내용을 구역 공과로 사용하여 목회비전을 공유한다.

성경 통독, 암송, 필사 등으로 시상과 간증으로 은혜를 나눈다.

절기 성탄, 부활, 맥추, 추수 감사에 따른 말씀을 접하게 한다.

목회자의 마음 자세

말씀을 전하기 전에 먼저 은혜를 받고 깨달은 것이어야 한다.

말씀을 전하기 전에 삶을 통해 신뢰할 만한 사람이어야 한다.

표정, 태도, 마음을 살피는 내적 경청, 공감 코칭이 필요하다.

바른 경청과 공감을 위하여 생각하게 하고 말하도록 질문하라.

답답해도 가르치려고 하지 말고 코칭적 질문을 던져야 한다.

코칭적 질문은 상대가 스스로 깨닫고 발견하게 하는 것이다.

예수께서도 말씀 전할 때 스스로 생각하도록 질문을 하셨다.

● <u>코칭 실습</u>

주제 선지자 목회란 무엇인가?

질문 코칭 도구 *ENOW* 각 질문에 5개씩 답하고 나누라

    1) 선지자는 어떤 사람?   나는 이렇게 생각한다

    2) 선지자가 왜 필요?   이런 이유로 필요하다

    3) 선지자 목회가 힘든 이유?   이런 장애가 예상된다

    4) 선지자 목회는 어떻게?   이런 방법이 좋겠다

주제 응용

    1) 예수님의 **말씀 목회** 이해 (**말씀 목회**란 무엇인가?)

    2) 청소년의 **양육 목회** 이해 (**양육 목회**란 무엇인가?)

도구 응용 *아이디어 발산의 방법*

    1) 육감만족도 *(시각 청각 미각 후각 촉각 육감)*

    2) 임의 단어법 연상 *(주변 물건과 연결)*

                (신문. 책에 볼펜이 떨어진 곳의 단어와 연결)

2) 말씀 목회 출발과 질문

(1) 말씀의 진단

말씀은 불이다.   말씀은 빛이다.

말씀은 창조이다.   말씀은 등불이다.

말씀은 씨앗이다.   말씀은 거울이다.

말씀은 진리이다.   말씀은 생명이다.

말씀은 지혜이다.   말씀은 능력이다.

말씀은 샘물이다.   말씀은 에너지다.

말씀은 성령의 검이다.   말씀은 구원의 투구이다.

말씀은 영혼의 양식이다.   말씀은 사람들에게 빛이다.

말씀은 하나님의 본체이다.   말씀은 예수 그리스도이다.

(2) 말씀 적용을 위한 대안

교회는 하나님 말씀 공동체이다.

교회는 진리의 기둥과 터전이다.

강단의 설교는 말씀의 전달이다.

개인보다 소그룹에 초점을 두라.

말씀이 좋으면 교회는 성장한다.

삶의 원동력은 말씀에서 나온다.

삶이 없는 말씀은 지식에 불과하다.

주제에서 교리적 설교로 전환하라.

설교에 대한 이해의 폭을 확장하라.

성령의 감동하심으로 말씀을 전하라.

강단에 설 때 설레는 설교자가 되라.

말씀으로 영혼의 목마름을 해결하라.

스스로 말씀 묵상을 할 수 있게 하라.

말씀으로 내적 성장을 가져오게 하라.

개인의 체험보다 말씀이 앞서게 하라.

말씀으로 받은 은혜를 전파하게 하라.

말씀을 접하기 전에 성령을 의지하라.

말씀의 충만함이 곧 성령의 충만이다.

(3) 말씀 목회를 위한 성경적 질문

● 무엇으로 사람을 창조하셨는가? (창 1장)

● 태초부터 있었던 것은 무엇인가? (요 1:1)

● 예수님은 본질적으로 무엇인가? (요 1:14)

● 성경을 기록한 목적이 무엇인가? (딤후 3:16-17)

● 교회는 어떤 곳인가? (딤전 3:15)

● 하나님의 뜻에 필요한 것? (딤후 3:16-17)

● 영혼의 양식은 무엇인가? (잠 30:8)

● 성령 충만 때 가장 먼저 한 일은? (행 4:31)

● 하나님의 축복은 언제 받는가? (신 28장)

● 교회의 전통보다 우선인 것은? (막 7:9)

● 믿음의 확신은 언제 생기는가? (롬 10:17)

3) 목회 적용을 위한 진단과 실습

(1) 진단과 해결책

● <u>교회 진단</u>

* 교세 상황 / 중형교회

교회 기능과 사명을 감당하기 위한 영적인 욕구가 있다.

개인에서 그룹, 기관, 부서, 셀에 관심이 확장되어 진다.

내 교회 의식과 함께 건강한 공동체를 세우기를 원한다.

해결책) 교회의 비전을 제시하고 코칭으로 공유하라.

* 목회 진단 / 말씀 목회가 필요

사랑과 치유중심에서 말씀 중심으로 전환시켜야 한다.

말씀 양육훈련으로 신자들의 신앙을 성장시켜야 한다.

깨달은 말씀들을 삶의 현장에서 실천하도록 해야 한다.

말씀의 깊이와 넓이와 높이와 길이가 풍성키를 원한다.

해결책) 온전히 말씀에 집중하고 순종하게 해야 한다.

* 교회 모습 / 하나님의 집, 영적인 훈련소, 안식처

전쟁터 같은 세상에서 피난처 같은 영적인 도피성이다.

사단의 세력과 싸워 승리하도록 하는 영적 훈련장이다.

하나님의 임재와 일하심을 경험할 수 있는 안식처이다.

해결책) 교회의 본질을 이해하고 회복하는데 집중하라.

● 목회자 진단

전제 영적 은사와 육적 달란트는 하나님이 주신 선물이다.

성격과 성품과 외모와 개성도 하나님이 주신 것이다.

받은 은사들을 소멸하지 말고 주님을 위해 사용하라.

* 삼중직 사역 / 선지자 위치

모든 성경은 하나님의 감동으로 된 것으로 교훈과 책망과 바르게 함과
의로 교육하기에 유익하니 이는 하나님의 사람으로 온전케 하며
모든 선한 일을 행하기에 온전케 하려 함이니라 (딤후 3:16~17)

목회자는 하나님의 말씀을 전달하는 대언자이다.

목회자는 예언자적인 사명을 감당하는 사람이다.

목회자는 말씀으로 하나님의 뜻을 전하는 자이다.

목회자는 삶의 기초가 말씀이 되도록 하는 자이다.

해결책) 하나님의 말씀을 전할 때 담대하라.

* 목사의 역할 / 교사, 스승, 랍비, 선생

그가 어떤 사람은 사도로, 어떤 사람은 선지자로,
어떤 사람은 복음 전하는 자로, 어떤 사람은 목사와 교사로 삼으셨으니,
이는 성도를 온전하게 하여 봉사의 일을 하게 하며
그리스도의 몸을 세우려 하심이라 (엡 4:11-12)

성도를 온전케 하고 봉사하게 해야 할 사명이 있다.

주님의 몸된 교회를 온전히 세워야 할 사명이 있다.

해결책) 교회 지도자로 부르신 목적을 잊지 말라.

● 평신도 진단

* 신자진단 / 청소년, 학생, 청장년

성령의 생각과 육신의 생각이 갈등하는 단계이다.

생각과 마음이 삶과 일치되지 않는 모순 단계이다.

해결책) 신앙의 사춘기를 극복하도록 도와야 한다.

＊ 인간 존재 / 혼에 속한 사람

사단의 유혹과 시험과 미혹과 방해를 분별치 못한다.

해결책) 영적인 체험을 할 수 있게 해야 한다.

＊ 신자 구분 / 육에 속한 그리스도인

성령의 생각보다 육신의 생각에 이끌려 산다.

해결책) 성령의 충만함을 받게 해야 한다.

＊ 신자 마음 / 두 마음 품은 자 세상과 하나님을 사랑

세상도 사랑하면서 동시에 하나님도 사랑한다.

해결책) 믿음의 확신을 심어주어야 한다.

＊ 인격 구분 / 지智적, 이성적, 선악과, 원칙으로 접근

성경 말씀에 대한 지식들을 믿음으로 오해한다.

해결책) 지적 신앙에서 의지적 신앙이 되게 하라.

＊ 나무 성장 / 새싹, 줄기, 잎사귀, 가지

아직까지 믿음이 약한 자들을 품지를 못한다.

해결책) 영적인 보모가 되게 하라.

● 말씀 진단

* 설교 내용 / 밥, 반찬

깊이 있는 말씀을 듣기를 원한다.

해결책) 혼자서도 말씀을 묵상하도록 해야 한다.

* 설교 전달 / 해석, 교리, 강해, 학學, 투시도

베뢰아 사람들은... 간절한 마음으로 말씀을 받고 이것이
그러한가 하여 날마다 성경을 상고하므로 (행 17:11)

믿음의 내용들을 말씀으로 확인하고 싶어한다.

해결책) 말씀으로 신앙 양육과 훈련을 시켜야 한다.

● 사역 진단

* 삼위일체 / 성자 예수님의 말씀 진리, 말씀

예수 그리스도는 진리의 말씀(로고스) 자체이시다.
교회는 예수 그리스도이신 진리의 기둥과 터전이다.

해결책) 예수 그리스도를 아는 지식을 확장시켜라.

* 행정력 / 나눔, 관계 형성, 코칭, 연합, 하나됨, 연결

말씀 사역을 위해 모든 사람들과 막힘이 없어야 한다.

다스림과 연합의 행정적 기준은 말씀이 되어야 한다.

투명하고 신앙적인 행정력은 철저하게 말씀에 나온다.

해결책) 교회 안에서 지체 간에 서로 하나 되게 하라.

* 코칭 방향 / 개인 인성과 그룹을 동시적으로 진행

코칭 방향은 건강한 성장과 말씀에 대한 확신이다.

개인에서 그룹으로 코칭을 확장시켜 나가야 한다.

모든 코칭의 주제들은 말씀과 관련이 있어야 한다.

해결책) 개인 코칭과 그룹 코칭을 병행하라.

* 목회 방향 / 가르침, 양육, 훈련, 교육, 훈계

어린아이 신앙에서 성장하려면 교육이 있어야 한다.

말씀으로 분별력과 영적 면역력을 심어 주어야 한다.

해결책) 말씀의 선포 양육 훈련들을 병행하라.

* 예배 의식 / 경배, 경청, 영광, 숭배

아버지께 참으로 예배하는 자들은

신령과 진정으로 예배할 때가 오나니 곧 이때라

아버지께서는 이렇게 자기에게 예배하는 자들을 찾으시느니라 (요 4:23)

나 중심에서 하나님 중심의 예배가 되게 하라.

찬양과 고백과 헌신이 있는 예배가 되게 하라.

사람이 아닌 말씀 중심의 예배가 되도록 하라.

해결책) 참된 예배자가 되도록 세워나가라.

* 목회 비중 / 2-3-1

2단계는 말씀 목회에 1순위 비중을 둔다.

1단계는 말씀 목회에 2순위 비중을 둔다.

3단계는 사역 목회에 3순위 비중을 둔다.

해결책) 동시에 진행하되 비중을 조율하라.

(2) 실습

● 코칭 실습

* 주제 2단계 핵심인 말씀 중에서~ 설교, 성경, 양육, 전도

* 진행 방법 일대일 및 그룹별

1) 코칭 도구/ ENOW 정의-필요성- 장애물- 대안

*방법 각각의 질문에 5개 이상을 기록하고 나누라

Equal 정의 　　　*Needs* 필요성 　　　*Obstacle* 힘든 점, 장애물

Way 대안 및 해결 방안 그럼에도 불구하고~

어떻게 준비하고 전달할까?

어떤 본문과 주제를 정할까?

준비해야 할 것이 무엇일까?

=> 최종 실천 3W (정리기술: 육하 원칙중 3개 이상 적용)

2) 코칭 도구/ 육감만족도 시각 미각 청각 촉각 후각 육감

*방법 각각 질문에 5개 이상 기록하고 나누라 실행하라

1) 시각　설교, 성경, 양육, 전도 – 시각적으로 상상되는 것

2) 미각　설교, 성경, 양육, 전도 – 미각적으로 생각나는 것

3) 청각　설교, 성경, 양육, 전도 – 청각적으로 연상되는 것

4) 촉각　설교, 성경, 양육, 전도 – 촉각적으로 느껴지는 것

5) 후각　설교, 성경, 양육, 전도 – 후각적으로 풍겨지는 것

6) 육감　설교, 성경, 양육, 전도 – 감각, 영감으로 와닿는 것

3) 코칭 도구 / 스무고개

* 방법 코칭 핵심 부분인 아래 각 단계마다 5개 질문 기록.

말씀 목회단계의 필요한 주제를 목표로 설정한다

첫째 **목표 설정** 5개의 주제 중에서 하나를 선택한다.

둘째 **현재 상태** 목표에 선택된 주제를 중심으로 진단한다.

셋째 **성장 대안** 실행계획 방안들을 다양하게 찾아낸다.

넷째 **후원 환경** 효과적 실행을 위한 주변 환경들을 찾아낸다.

* 코칭 순서

코치, 클라이언트. 관찰자로 구성

정한 시간 코칭

코치, 클라이언트, 관찰자의 피드백

* 바느질

얻은 점

느낀 점

질문할 점

4) 사역의 적용 사례와 도표

전제 첫째, 말씀 선포와 양육이 핵심이 되어야 한다. 제자 만들기
　　둘째, 코칭적인 접근으로 사역을 풀어가야 한다.

(1) 사역 분야

* 설교 분야

서론과 시작에 있어서 말씀이 진리임을 선언하라.
　　래포 형성 예화는 일반보다 성경을 사용하라.

내용의 깊이에 있어서 성경에서 성경을 말하도록 하라.
　　총론, 해답, 관찰, 개론에서 해석까지 나아가라.
　　정적 믿음에서 동적 믿음인 행함까지 가게 하라.
　　주제, 제목에서 본문 중심의 강해까지 나아가라.
　　설계도, 스케치에서 인테리어와 색깔을 입히라.

메시지 전달에 있어서 건강한 신자를 세워가라.
공의, 교리, 확신, 따름, 기도, 순종, 감사, 찬양
원리보다 실제 적용과 실천에 중점을 두라.

언어표현에 있어서 부정적인 표현을 금하라.

긍정적, 적극적, 확신으로 부정적, 율법적 지양

목회자의 확신과 열정적인 모습 말씀 전달 효과

* 양육 분야

새 가족 관리 코이노니아로 시작하고 코칭으로 마무리하라.

축복기도, 선물과 축하, 교회 소개, 담임목사 인사

관련 부서, 기관, 구역, 개인과 연결 고리를 세우라.

코칭적 접근: 교회 출석 이유? 기대하는 것?

단계별 양육 신자들의 신앙 배경에 맞는 양육을 진행하라.

신앙 수준 구분, 연령별, 단계별, 직분별, 기관장,

초급반, 중급반, 고급반, 사중복음반, 사역자반,

중생반, 성결반, 신유반, 재림반 등

말씀 프로그램 말씀을 가까이 하도록 도전하라.

말씀으로 사도들의 사역 계승을 일깨우라.

말씀으로 가르친 다음에 헌신을 요구하라.

매주 한 구절의 말씀을 암송 말씀 카드 제작

예배 때마다 온 성도가 말씀을 암송 주보 게시

교회 절기와 계절에 맞는 통독, 나눔, 퀴즈 행사

공예배 활용 예배를 특성화시켜서 행정력을 사용하라.

> **주일 낮 예배** 종합적, 전통적, 예전적
>
> **주일 오후 예배** 사역별, 그룹별, 직분별, 찬양
>
> **수요예배** 사경회, 성경 공부, 기도훈련, 전도 훈련
>
> **금요기도회** 성령 사역, 치유, 합심 기도, 중보 사역
>
> **새벽기도회** 절기별, 성경 묵상, 책별, 상황별, 통독

기도훈련 양육 코칭으로 기도 이해와 훈련을 하라.

> 공 예배시에 개인 및 중보기도를 정례화시키라.
>
> 그룹별 코칭으로 기도에 대한 이해와 확신을 주라.

예배 찬송 예배는 본질적으로 승리자들의 잔치의 자리이다.

> 가능하면 빠르고 열정적으로 찬양하라.
>
> 예배는 기쁨을 나누는 축제의 자리이다.
>
> 예배의 승리는 곧 영적 싸움의 승리이다.

사경회 활용 절기와 시기에 맞게 진행하라.

> 주제별, 절기별, 분기별로 말씀 사경회를 가지라.
>
> > **주제** 성경, 선교, 섬김, 전도, 기도, 교제, 나눔 등
> >
> > **절기** 성탄, 부활, 맥추, 추수, 대림절, 사순절 등
> >
> > **분기** 계절별, 설립주일, 신년, 가정, 부부 등

절기별 행사 절기에 맞도록 말씀을 가까이 하게 하라

　　암송대회, 퀴즈대회, 필사대회, 통독, 간증하기 등

　　말씀과 관련된 강사를 초청하여 도전을 받게 하라.

구역 공과 활용 소그룹 목장에서 말씀 나눔을 가지라

　　주보의 설교 요약을 구역 상황에 맞게 활용하라.

　　단순 반복이 아니라 목회의 비전을 나누게 하라.

구역 보고서 1년 동안 성경을 가까이 하도록 하라

　　성경 읽기 보고기록 및 연말 격려와 시상을 하라.

* 전도(선교) 분야

　전도 성구 말씀을 암송하여 활용하게 하라.

　전도 현장을 참관하고 실습에 참여시키라.

　국내 성지순례 현장을 참관하여 독려하라.

　해외 성지순례로 말씀의 현장을 방문하라.

　국·내외 단기선교 활동으로 도전을 주라.

　개인 노방 전도에 말씀을 활용하게 하라.

전도의 도구와 함께 전도에 참여하게 하라.

실천을 위한 전도 현장 실습을 참관시키라.

말씀이 있는 문서선교 활동에 참여케 하라.

말씀이 있는 찬양과 음악으로 참여케 하라.

악기 연주를 통하여 말씀이 전달되게 하라.

상황에 맞는 전도 성구를 코칭과 연결하라.

성경 필사를 중심으로 말씀과 친밀하게 하라.

성경 필사를 통해 받은 은혜를 나누게 하라.

성경 통독을 중심으로 말씀과 친밀하게 하라.

성경 암송을 중심으로 말씀과 친밀하게 하라.

(2) 목회 자세

설교는 깊은 기도와 말씀 묵상으로 탄생한다.

목회의 능력은 무릎 꿇는 시간에서 나타난다.

내 말이 아니라 하나님의 말씀을 전해야 한다.

설교의 준비가 없이 강단에 서지 않도록 하라.

설교 시에 코칭 질문으로 은혜를 받도록 하라.

예수님은 말씀을 전하실 때 코칭 질문의 방법을 사용하셨다.

어찌 의복 때문에 염려하느냐?

들의 백합화가 어떻게 자라는가 생각해보라.

공중의 새가 어떻게 사는지 생각해보라.

하물며 너희일까보냐?

사람들이 나를 누구라 하느냐?

너희는 나를 누구라 하느냐?

너희중에 가진 것이 무엇이냐?

어떻게 하기를 원하느냐?

무엇하기를 원하느냐?

보기를 원하느냐?

위와 같이 먼저 일방적인 해답을 가르쳐 주지 않았다.

듣는 자들이 먼저 스스로 고민하고 생각하도록 하였다.

생각과 의식을 확장 시키고 도전하는 질문을 던지셨다.

결국 예수님은 코칭적인 접근으로 메시지를 전하셨다.

오늘의 목회자들도 코칭적 접근으로 설교를 해야 한다.

(3) 말씀 사역을 위한 대안 코칭

목회자에 대하여

설교하기 전에 미리 등단하여 준비 기도하라.

평상시 듣기는 속히 하고 말하기는 더디하라.

진지한 경청이 효과적 메시지를 전하게 한다.

설교 전에 먼저 말씀에 은혜받기를 사모하라.

화려한 언어 기술보다 삶의 모습이 우선이다.

먼저 하나님의 뜻을 깨닫기 위해 몸무림치라.

말씀에 대한 깊은 묵상들이 선행되어야 한다.

끊임없이 연구하고 공부하는 자세를 유지하라.

생활의 적용이 없는 설교는 강연에 불과하다.

같은 설교도 신뢰자의 말은 큰 영향력이 있다.

강단에 설 때마다 설레는 설교자가 되게 하라.

사역에 대하여

말씀은 사람을 변화시키는 능력이 있다.

설교하기 전에 반복적 리허설을 가지라.

내게 주신 은혜와 성령의 감동을 나누라.

인간은 무한한 잠재력과 가능성을 가졌다.

인간은 하나님의 형상대로 창조된 존재다.

신자들의 표정, 태도, 마음을 보도록 힘쓰라.

하나님의 형상인 영적 DNA를 회복시켜 주라.

상대방이 말하고 생각하도록 질문을 사용하라.

상대방의 마음과 침묵 언어까지도 들어야 한다.

시대를 말씀으로 분별하는 안목이 있어야 한다.

(4) 요약 도표

구분	진단	2단계				
교회	교세상황	중형교회	목회초점	말씀목회	교회모습	광야
목회자	삼중직	선지자	목사역할	교사	목회자세	설교자
평신도	신자진단	청소년	인간존재	혼	신자구분	신자
	신자마음	두 마음	인격구분	지적	나무성장	줄기
말씀	설교내용	밥, 반찬	설교전달	해석		
사역	삼위일체	예수님	행정력	연합	코칭방향	개인 그룹
	목회방향	양육	예배의식	경배	목회비중	2-3-1

제 3단계 **확장 행정 목회 코칭**

1) 요약과 실습

모든 확장 사역의 배경에는 코칭적인 마인드가 필요하다.

소형교회와 중형교회에서 대형교회로 전환할 때 사역이다.

성령님과 더불어 사역하면서 증식하고 확장하는 목회이다.

그리스도의 왕 적인 사역을 실현 시키는 목회의 절정이다.

성령으로 복음을 확장하면서 예수를 경험하게 해야 한다.

여기서는 조직과 시스템에 모든 행정력을 집중해야 한다.

건강하게 세워진 신자들을 적합한 그룹에 배치해야 한다.

사역을 위한 코칭적인 질문으로 바른 진단을 해야 한다.

사역을 맡길 만한 준비된 일꾼들이 얼마나 있는가?

현재 목회자가 발휘하는 리더십 유형이 무엇인가?

시스템 조직과 그룹들이 제대로 돌아가고 있는가?

신자들이 가진 은사들이 제대로 활용하고 있는가?

지도자들에게 얼마나 위임과 분담을 하고 있는가?

신자들이 선교적 교회의 마인드를 가지고 있는가?

성령의 충만을 사모하는 열정적 마인드가 있는가?

사역 조직 시스템은 교회의 건강도 측정에 진단 자료가 된다.

동시에 교회 성장과 변화의 가능성을 점검하는 핵심요소이다.

인사, 시설, 재정, 관리, 기관, 그룹 등의 균형을 살펴야 한다.

예배, 선교, 교육, 교제의 기능들의 균형을 점검해야 한다.

대그룹 모임과 소그룹 모임들이 정상적으로 움직여야 한다.

교제 중심으로 모이는 목장과 구역과 셀이 건강해야 한다.

행정이란 하나님 나라 확장을 위한 과정이지 목적이 아니다.

시스템 행정 조직은 영혼 구원을 위한 수단, 방법, 전략이다.

구약의 모세가 백성들을 지도하며 적용했던 조직 시스템이다.

신약의 사도들이 교회를 세우면서 적용했던 조직 시스템이다.

제사장과 선지자 사명에 최선을 다해도 한계를 경험하게 된다.

이를 극복하기 위한 대안이 확장 시스템의 행정 목회 코칭이다.

이때 목회자에게는 상황에 알맞는 리더십의 변화가 요구된다.
장성한 신자로 인식하고 목회자는 친구요 코치가 되어야 한다.
나무와 곡식들의 성장에서 열매와 추수를 기대하는 단계이다.

목사의 영적 위치는 왕적 다스림과 리더십이 세워져야 한다.
사역 방향은 그룹 중심으로 삶의 현장까지 확장시켜야 한다.
지식보다는 실천이 따르는 의意에 행정력을 발휘해야 한다.

다양한 목회 사역 분야

말씀 전할 때 지식과 깨달음에서 실천 적용을 강조해야 한다.
사명과 가치, 존재 이유 발견 등 도전 과제로 접근해야 한다.
설교시에 주제, 강해에서 상황과 적용까지 가도록 해야 한다.

헌신을 다짐하는 모든 예배는 그룹이 주관하도록 해야 한다.
시스템 행정 조직은 삼중 필터와 같은 그물망의 역할을 한다.
기관에 무심해도 구역과 소그룹 모임에 관심이 있을 수 있다.
소그룹에 무심한 신자가 기관과 구역에 흥미를 느낄 수 있다.

은사의 활용은 조직들을 효과적으로 적용하는 핵심 사역이다.

이미 조직된 소그룹들은 관심도가 유사한 그룹으로 연결하라.

선교 셀은 새 가족, 해외, 국내, 대내, 지역 등으로 연결하라.
기도 셀은 새벽, 중보, 금요, 저녁, 낮, 오전 등으로 연결하라.
코이노니아 셀은 복지, 섬김, 나눔, 어울림 등으로 연결하라.
이때 한 사람도 빠짐없이 가벼운 사역이라도 역할을 맡기라.

목회자의 자세

주님을 코치로 삼고 자신과 사역에 셀프 코칭을 받아야 한다.
왕적 마인드를 가지고 넉넉하게 베풀고 나눌 수 있어야 한다.
외적인 목회적 상황보다 목회자의 자기진단을 우선해야 한다.

시대적 유행을 답습하는 사역들은 절대적으로 조심해야 한다.
목회 사역 중 목회자 자신의 재능을 활용하는 것이 중요하다.
목회란 하나님의 일을 전승하기에 하나님의 거룩한 동역자다.

목회란 영혼을 살리는 일로 인생의 가장 가치 있는 사역이다.
목회란 복 받게 하는 일로 모든 일 중 가장 당당한 사역이다.
목회란 나의 유익을 위한 것이 아니라 하나님을 위한 일이다.

● <u>코칭 실습</u>

주제 왕적인 목회란 무엇인가?

질문 코칭 도구 *ENOW* 각 질문에 5개씩 답하고 나누라

    1) 왕은 어떤 사람인가?   나는 이렇게 생각한다

    2) 왕이 왜 필요한가?   이런 이유로 필요하다

    3) 왕적인 목회가 힘든 이유?   이런 장애가 예상된다

    4) 왕적인 목회는 어떻게?   이런 방법이 좋겠다

주제 응용

    1) 성령님의 **확장 목회** 이해 (확장, 능력 목회란 무엇인가?)

    2) 장년부의 **사역 목회** 이해 (사역, 동역 목회란 무엇인가?)

도구 응용 *아이디어 발산의 방법*

    1) 육감만족도 *(시각 청각 미각 후각 촉각 육감)*

    2) 임의 단어법 연상 *(주변 물건과 연결)*

                  (신문, 책에 볼펜이 떨어진 곳의 단어와 연결)

2) 확장 목회 출발과 질문

(1) 확장과 증식 목회의 근거

교회 성장을 위한 확장과 증식에는 두 가지 전제가 있다.

첫째 교회 성장은 하나님의 뜻이다.
　교회의 성장 주체는 사람이 아니라 하나님이시다.
　목회란 하나님의 뜻과 비전에 집중하는 사역이다.

둘째 교회 성장은 복합적이다.
　인간적인 차원에서 끊임없는 연구가 있어야 한다.
　교회 성장은 하나님이 인간들에게 맡긴 사명이다.
　진단, 전략, 질문, 코칭으로 전력을 다해야 한다.

교회 성장을 위하여 점검하는 기능적 요소들이 있다.
교회 5대 기능인 예배, 선교, 교육, 교제, 섬김이다.

3단계에서는 목회자의 행정적인 코칭 리더십이 요구된다.

이를 위하여 목회 리더십의 새로운 변화가 필요하다.

목회자 자신의 성장을 위한 셀프 코칭 받아야 한다.

자신의 비전에 대한 개인 인성 코칭을 받아야 한다.

교회 공동체 비전을 위한 그룹 코칭을 받아야 한다.

(2) 확장을 위한 성경적 질문

● 하나님의 창조에 질서와 순서가 있었는가? (창 1장)

● 모세는 이스라엘 백성을 어떻게 다스렸는가? (출 18장)

● 마음의 경영과 계획은 누구의 몫인가? (잠 16:1)

● 초대교회 사도들은 어떻게 목회했는가? (행 6장)

● 교회의 머리는 누구인가? (고전 12장)

● 교회가 한 몸 되어야 하는 이유는? (고전 12장)

● 성도를 온전케 하고 봉사의 일을 하려면? (엡 4장)

● 은사를 주신 목적이 무엇인가? (롬 12장)

● 교회는 어떤 공동체인가? (엡 2:20-22)

● 성령을 받으면 어떤 일을 하게 되는가? (행 1:8)

● 교회가 성장하는 것은 누구의 뜻인가? (마 13장)

● 예수님이 질문을 사용하신 이유? (마 16장)

조직과 그룹을 통한 시스템 목회는 새로운 방법이 아니다.
구약 이스라엘 백성의 지도자였던 모세의 사역 방법이었다.

> 모세의 장인이 그에게 이르되 네가 하는 것이 옳지 못하도다.
> 너와 또 너와 함께 한 이 백성이 필경 기력이 쇠하리니
> 이 일이 네게 너무 중함이라 네가 혼자 할 수 없으리라(출 18:17-18)

세종대왕은 수령들이 가진 직책들의 중요성을 강조하였다.
임금 혼자의 힘으로는 모든 백성들을 다스릴 수가 없었다.
대안으로 수령들에게 백성들을 다스리는 임무를 맡기었다.

> 내가 작은 몸으로 한 나라에 군림하여 사방의 모든 백성들을
> 나 홀로의 힘으로는 다스릴 수 없으므로 여러 신료臣僚들을 조심해 뽑고
> 수령들에게 목민牧民의 임무를 맡기어 미공(微功 천하를 안정시킬 수 있는
> 노력)을 도모함이 여러 해 되었다. -『세종실록』중에서

예수 그리스도는 영원히 왕의 직분을 가지신 분이시다.
또한 땅에 있는 모든 '교회의 머리' 가 되시는 분이시다.
온 세계의 주인이시며 모든 인류의 왕이 되시는 분이다.

왕적인 사역은 가나안의 모든 땅들을 정복하는 것과 같다.
세상 땅 끝까지 나아가 복음으로 정복해야 하는 사역이다.

3) 목회 적용을 위한 진단과 실습

(1) 점검 질문

영혼 구원에 대한 열망들이 있는가?

성령 사역에 대한 이해가 충분한가?

시스템을 움직이는 행정력이 있는가?

중생 이후 성령 충만을 강조하는가?

행정력 발휘의 힘은 어디서 오는가?

영적인 은사들을 제한하지는 않는가?

조직들이 체계적으로 세워져 있는가?

하드웨어와 소프트웨어가 연결되는가?

리더십의 유형을 변화시킬 수 있는가?

목표에 따른 기획적 설교를 하고 있는가?

신자들이 동역자 의식을 가지고 있는가?

설교 중에 목회 비전을 제시하고 있는가?

선교적 교회에 대한 충분한 이해가 있는가?

소그룹들이 목적에 맞게 움직이고 있는가?

그룹 리더에게 위임하고 분담하고 있는가?

(2) 요구 사항

많이 받은 자에게는 많이 요구한다.

신자들이 동서남북을 바라보게 하라.

목회의 비전을 평신도들과 공유하라.

활력 넘치는 축제 예배가 되게 하라.

직분보다 맡은 사역 호칭을 사용하라.

리더들의 권위를 분명하게 인정해주라.

성령의 역사를 기대하면서 일하게 하라.

다양한 은사들을 최대한 활용해야 한다.

뜨거운 찬양과 감동적 예배가 되게 하라.

세상과 지역에 열린 교회가 되어야 한다.

적당한 때에 헌신할 사역을 결정해 주라.

사랑과 말씀에서 시스템 목회로 집중하라.

직접 일하지 말고 일하는 방법을 가르치라.

교회 내 그룹을 대상으로 코칭을 시도하라.

목표를 세우고 목적이 이끌어 가도록 하라.

비슷한 일들을 함께 모아 그룹을 형성하라.

시스템 중심의 사역으로 행정력을 사용하라.

제사장, 선지자에서 왕적 사역으로 전환하라.

(3) 인식과 대안

목회자에 대하여

목회자는 목회의 전문적인 코치이다.

목회자의 영성은 성령의 충만함이다.

목회자는 전문적인 목회의 프로이다.

목회자는 윤리적으로 깨끗한 자이다.

목회자는 인격과 지성을 갖춘 자이다.

목회자는 교회 밖에서도 지도자이다.

목회자의 그릇만큼 교회는 성장한다.

지도자란 사람들을 일하게 하는 자다.

설교만으로 성도들이 변화되지 않는다.

성도에 대하여

모든 사람은 사명적 존재이다.

프로그램보다 사람이 우선이다.

리더는 저절로 세워지지 않는다.

섬김은 선택이 아니라 사명이다.

신자들은 부족해도 동역자들이다.

누구든지 은사는 다 가지고 있다.

사람에게 투자하는 시간이 가장 값진 것이다.

신자들은 의미 있는 봉사의 자리를 요구한다.

태어났으면 계속해서 성장하고 성숙해야 한다.

사역에 대하여

성령의 역사하심에 참여하는 것이다.

선교하고 베풀면서 증식하는 것이다.

개인보다 그룹의 팀 사역이 우선이다.

은사는 사용하고 개발할수록 발전한다.

현상 유지에 만족하면 침체가 시작된다.

소그룹 활성화는 교회 뒷문을 막아준다.

소속감과 가치감은 소그룹에서 생성된다.

행정이 인본주의라는 생각을 버려야 한다.
은사 개발은 개인과 교회 성장을 가져온다.

교회 내 신자는 모두 선교사요 전도자이다.
선교와 전도의 현장에 참여하게 해야 한다.
선교에 동참할 때에 신앙이 성장하게 된다.

성령과 함께 하는 목회가 사역의 원동력이다.
시스템은 정착과 양육과 선교로 세워야 한다.
성령의 충만함이 곧 교회 성장의 원동력이다.

소그룹에는 코이노니아가 핵심적인 사역이다.
열정 목회와 지혜로운 목회가 병행해야 한다.
코칭목회는 인본주의가 아니라 신본주의이다.

(4) 진단과 해결책

● 교회 진단

* 교세 상황 / 중·대형교회

인적 자원, 건물 규모들이 일정 수준 이상 큰 교회다.

인적, 재정의 풍족으로 선교와 봉사 등에 적극적이다.

교회 본질 상실, 세속주의와 성공주의 위험성이 있다.

해결책) 교회의 본질에 충실하고 방향성을 잃지 말라.

* 목회 진단 / 사역, 시스템, 소그룹목회, 조직 활성화

모임과 양육중심에서 사역의 중심으로 전환해야 한다.

개인적인 사역중심에서 그룹 중심으로 전환해야 한다.

그룹 간에 조화를 위해 시스템 목회로 전환해야 한다.

해결책) 전환의 시기와 이유와 내용을 진단하라.

* 교회 모습 / 가나안의 삶, 정복자의 삶, 바다

너희의 하나님 여호와 그가 너희 앞에서 그들을 쫓아내사…
너희가 그 땅을 차지할 것이라. 그러므로 너희는 크게 힘써
모세의 율법 책에 기록된 것을 다 지켜 행하라
그것을 떠나 우로나 좌로나 치우치지 말라 *(수 23:5-6)*

세상과 함께 있지만 세상을 변화시켜야 한다.

하나님의 말씀으로 세상을 복음화시켜야 한다.

지역사회를 복음으로 정복해야 할 사명이 있다.

해결책) 지역 사회에 대한 관심과 접근에 집중하라.

● 목회자 진단

전제 내게 있는 모든 것들은 하나님이 주신 것이다.

영적인 은사는 하나님이 주신 선물이다.

육적인 은사도 하나님이 주신 선물이다.

환경적인 상황도 하나님이 주신 것이다.

해결책) 자신의 은사를 발견하고 적극 사용하라.

* 삼중직 / 왕적인 사역

왕은 확장시키고 지키면서 다스려야 한다.

이를 위하여 성령 사역으로 전환해야 한다.

하나님의 자리에 자신이 앉지 않아야 한다.

예수님처럼 낮추고 겸손한 자로 서야 한다.

다스림과 보호로 왕적인 리더십을 요구

복음의 확장으로 사도적 리더십을 요구

시대에 적응하는 변화의 리더십을 요구

성령의 충만함으로 영적 리더십을 요구

영혼 구원을 위한 섬김의 리더십을 요구

삶의 선교를 위한 선교적 리더십을 요구

해결책) 왕적인 리더십으로 전환시켜라.

* 목사 역할 / 친구, 관리자, 동역자

내가 명하는 대로 행하면 곧 나의 친구라 (요15:14)

같은 마음과 꿈을 가진 친구 같은 목회자가 되라.

말씀을 지키려고 힘쓰면 모두 예수의 동역자이다.

해결책) 한 목적과 한 방향을 향하도록 하라.

* 목회 자세 / 코치, 전문가, 지도자, 경영자, 행정가

목회자는 목회에 있어서 프로의식이 있어야 한다.

목회의 지도력을 발휘하기 위한 요소들을 갖추라.

기획, 창조, 조직, 위임, 코칭, 공감, 진단, 영향력,

지혜, 통제, 지도, 감동, 인정, 평가하는 것들이다.

해결책) 행정과 코칭의 전문가가 되어야 한다.

● 평신도 진단

* 신자진단 / 장년부, 어른, 성숙함

우리가 다 하나님의 아들을 믿는 것과 아는 일에 하나가 되어
온전한 사람을 이루어 그리스도의 장성한 분량이
충만한 데까지 이르리니 (엡4:13)

하나님 나라 확장을 위한 동역자로 인식하라.

위임하고 분담할 수 있는 일꾼으로 인정하라.

주님의 마음으로 살기 원하는 자로 인식하라.

신앙적인 공통분모를 가지고 더불어 사역하라.

해결책) 평신도에 대하여 동역자 의식을 가지라.

* 인간 존재 / 영에 속한 사람, 하늘에 속한 사람

그러므로 너희가 그리스도와 함께 다시 살리심을 받았으면
위의 것을 찾으라 거기는 그리스도께서
하나님 우편에 앉아 계시느니라 (골 3:1-2)

이 땅의 삶은 천국의 삶을 준비하는 여정임을 믿는다.

보이는 땅의 것보다 보이지 않는 하늘의 것을 찾는다.

이 세상의 삶은 하나님의 심판을 준비하는 과정이다.

해결책) 삶의 목적과 방향을 분명하게 제시하라.

* 신자 구분 / 성도

그러나 너희는 택하신 족속이요 왕 같은 제사장들이요
거룩한 나라요 그의 소유가 된 백성이니 이는 너희를
어두운 데서 불러 내어 그의 기이한 빛에 들어가게 하신 이의
아름다운 덕을 선포하게 하려 하심이라 (벧전 2:9)

부르심에 대한 내적 확신이 분명한 사람들이다.

주님의 은혜에 보답하고 자 힘쓰는 사람들이다.

해결책) 부르심의 목적은 복음 전도임을 인식시키라.

* 신자 마음 / 하나님을 향한 마음과 소망으로 가득 참

그런즉 너희가 먹든지 마시든지 무엇을 하든지 다
하나님의 영광을 위하여 하라 (고전 10:31)

삶의 목적이 하나님의 기쁨 되기를 원하는 마음이다.

생활 전체가 오직 하나님께만 초점이 맞추어져 있다.

해결책) 삶의 목적이 무엇인가를 깨닫게 하라.

* 인격 구분 / 의義, 행동, 순종, 결단, 따름, 실천

감정이나 기분에 흔들리지 않는 모습이다.

성령의 감동에 순종하고 따르는 모습이다.

믿음의 결단, 순종으로 실천하는 모습이다.

해결책) 끝까지 행동하는 신앙인 되게 하라.

* 나무 성장 / 열매, 추수

내가 너희를 택하여 세웠나니 이는 너희로 가서 과실을 맺게 하고 (요 15:16)

영혼 구원으로 믿음의 열매를 맺고자 한다.

해결책) 전도가 곧 하나님 나라 확장임을 알게 하라.

● 말씀

* 설교 내용 / 고기, 단단한 음식, 강해, 원어

> 말씀의 깊이와 넓이와 높이와 길이를 사모하고 있다.
>
> 청중들 반응에 집착하지 말고 말씀에 깊이 집중하라.
>
> *해결책)* 제자의 삶은 말씀의 능력에 있음을 알게 하라.

* 설교 전달 / 질문, 도전, 고민, 씨름, 의식확장, 결단

> 관찰과 해석보다 순종과 결단이 중요하다.
>
> 객관적 신앙보다 주관적 신앙이 중요하다.
>
> 강조하기 전에 본질적인 질문을 던지라.
>
> *해결책)* 항상 묵상하고 연구하고 결단하게 하라.

● 사역

* 삼위일체 / 성령 사역, 성결 체험, 성령의 역사, 능력

> 내게 능력 주시는 자 안에서 내가 모든 것을 할 수 있느니라 (빌 4:13)
>
> 성령이 역사하는 통로는 온전한 믿음이다.
>
> 성령이 역사하는 통로는 온전한 순종이다.
>
> *해결책)* 성령의 충만을 사모하라.
>
> 부록 7번의 "성결 체험 설교"를 참고하라.

* 행정력 / 자유함, 자율적, 해방, 자원함

진리를 알지니 진리가 너희를 자유케 하리라 (요 8:32)

하나님의 일은 복음에 응답하는 자원함의 열매이다.

신앙 생활과 목회는 부담이 아닌 사명이고 영광이다.

해결책) 자원함과 자율성을 위한 동기부여를 하라.

* 코칭 방향 / 그룹별 워크숍 확대

자신이 직접 아이디어에 참여하기를 원한다.

공동체의 목표를 함께 만들어나가기 원한다.

해결책) 그룹별 코칭을 시도하라.

* 목회 방향 / 증식, 재생산, 선교적 교회

현상 유지 상태에서 선교의 확장과 증식을 원한다.

목회 동역으로 하나님의 동역자가 되기를 원한다.

해결책) 선교적인 삶과 선교적 교회가 되게 하라.

* 예배 의식 / 삶, 순종, 행함, 빛, 소금, 등불

그러므로 형제들아 내가 하나님의 모든 자비하심으로
너희를 권하노니 너희 몸을 하나님이 기뻐하시는
거룩한 산 제물로 드리라
이는 너희가 드릴 영적 예배니라 (롬 12:1-2)

삶이 있는 영적인 예배를 드리기 원한다.

예배의 참된 의미와 목적을 알기 원한다.

삶 속에서 빛, 소금, 등불 역할을 원한다.

해결책) 교회 밖에서 삶이 있는 예배를 살게 한다.

* 목회 비중 / 1-2-3

3단계는 확장 목회에 1순위의 비중을 둔다.

2단계는 말씀 목회에 2순위의 비중을 둔다.

1단계는 사랑 목회에 3순위의 비중을 둔다.

해결책) 동시에 진행하되 단계별 비중을 조절하라.

(5) 실습

● 코칭 실습

그룹에 대한 프로세스 코칭을 진행하는 설계도와
종합적 코칭 도구들을 부록 1번과 4번에 첨부하였다.

주제 3단계의 주요 사역 중에서 ~ 은사 찾기
진행 방법 셀프 코칭, 1:1 코칭, 그룹 코칭
　　　　　진행 : 5-10개씩 적어서 그룹별로 나눔

실습 질문 셀프 코칭에서 (*탐색 기술 : 의식의 확장*)

내가 가진 것이 무엇인가?

효과가 있었던 것이 무엇인가?

내가 할 수 있는 것이 무엇인가?

그룹 코칭에서 (*발산 기술 : ENOW*)

은사가 무엇인가? 은사를 주신 목적이 무엇인가?

은사 활용의 문제점은 무엇인가?

은사는 어떻게 활용하는가?

공통 코칭에서 정리 기술: **3W** 육하원칙 중에서 3개 이상 적용

4) 사역의 적용 사례와 도표

(1) 사역 분야

전제 첫째, 은사 활용과 성령 사역이 배경이 되어야 한다. *사역자 만들기*

둘째, 코칭적 접근으로 목회 리더십을 발휘해야 한다.

● **예배와 행사**(모임)

* **말씀**(설교) 사명과 비전, 적용과 실천까지 이르도록 도전하라.

상황에 적응할 수 있는 역설적 질문으로 도전하라.

성령의 역사와 객관적 진리를 균형 있게 전파하라.

코칭 형식의 설교로 하나님의 뜻을 찾고 결단케 하라.

예수님은 코칭형 설교와 소통방식으로 말씀을 전했다.

해결책의 정답 대신에 질문형식을 취했다.

비유와 되묻는 방법으로 말씀을 전하였다.

질문들을 통해 스스로 답을 찾게 하셨다.

* 전도선교 그룹별, 구역별, 기관별, 개인별로 참여하게 하라.

주중에 날짜를 정하여 지역 상황에 맞게 전도하라.

국·내외 선교의 현장을 방문하여 전도에 도전하라.

선교 사역 후에 간증을 통한 전도 공감대를 세우라.

복지와 문서와 미디어 활용으로 선교의 폭을 넓히라.

지역에 속한 공기관과 연계하여 선교의 폭을 넓히라.

교단과 지역교회와의 연합사역으로 복음을 확장하라.

* 호칭과 주보 게시

신자의 호칭은 직분과 사역을 동시에 사용하라.

맡은 사역에 대한 호칭 사용은 긍지를 심어주라.

행사와 예배 시에 관련 부서와 조직에 위임하라.

야유회, 친교회, 체육대회-**친교부장** / 절기, 행사, 찬양제, 축제-**음악부장**

식당, 주차, 바자회, 구제-**봉사부장** / 부흥회, 주제별, 헌신예배-**예배부장**

교회학교, 수련회, 양육들-**교육부장** / 해외, 국내, 대내, 지역들-**선교부장**

* 목회 비전 세움과 공유 그룹 코칭으로 신자들과 함께 비전을 세우라.

비전의 내용들을 행사 시에 기억하도록 하라.

비전에 맞는 행사, 찬양, 기도, 설교를 하라.

비전에 맞는 그림, 액자, 마크들을 사용하라.

비전에 맞도록 주보와 유인물들에 게시하라.

비전에 맞는 현수막, 배너, 사진을 사용하라.

* 지역사회 행정 시스템 공공기관, 기타 상권과 긴밀한 관계를 유지하라.

복지기관, 각종 단체와 원만한 관계를 유지하라.

행사 시에 초대하고 인사를 시키고 격려를 하라.

* 시스템 구축 예배와 선교를 위한 시스템을 세우라.

양육과 은사를 위한 시스템을 세우라.

섬김과 기도를 위한 시스템을 세우라.

코이노니아를 위한 시스템을 세우라.

* 시스템 행정 조직의 영향력

모든 신자들이 소속감을 느끼도록 조직을 활용하라.

다양한 조직들은 삼중필터와 그물망 역할을 해준다.

기관보다 구역과 소그룹에 관심을 가질 수 있다.

구역보다 기관과 소그룹에 관심을 가질 수 있다.

소그룹보다 구역과 기관에 관심을 가질 수 있다.

* 은사 활용의 대안 원리

성령의 은사들을 사용할 수 있는 환경을 만들라.

개인의 재능을 개발할 수 있는 시스템을 만들라.

은사를 활용할 수 있는 조직과 시스템을 만들라.

유사한 관련 소그룹들을 대그룹으로 연결시키라.

은사 개발 위한 전문적인 조직 부서를 설치하라.

은사 발굴과 활용을 위하여 그룹 코칭을 가지라.

은사 활용을 위한 다양한 사역 구분

1) **선교 부분** 새 가족, 해외, 지역, 노방, 상가, 문서, 요양원, 병원, 복지관,
체육관, 운동장, 미화원, 식당, 독거노인, 이혼가정, 학원, 학교

2) **기도 부분** 새벽, 매일, 수요, 금요, 토요, 오전, 오후, 직분별, 중보기도

3) **섬김 부분** 구제, 조경, 경조, 주방, 장학, 사진, 자판, 화장실,
과일, 소방, 반찬, 실버, 강단, 바자회, 성미 등

4) **관리 부분** 피아노, 악기, 강대상, 의자, 청소, 시설, 비품, 차량,
주방, 조경, 창고, 식당, 소방, 교육관, 기도실 등

5) **예배 부분** 꽃꽂이, 절기, 성례전, 안내, 강단, 방송, 헌금, 주차 등

6) **찬양 부분** 성가대, 찬양단, 중창단, 악기, 워십댄스 등

7) **코이노니아 부분** 스포츠 종목 및 등산 취미별로 구분

* 선교 사역

1) **주보 사용** 단순한 예배 순서지에서 교회 홍보용으로 활용하라.

2) **결석자 관리** 기존 신자는 주중 앞부분(월-목)에 접촉점을 가지라.

   초신자는 주중 뒷부분(금-토)으로 접촉점을 가지라.

3) **전도자 현황 관리** 게시판, 그래프 사용, 사진으로 관심을 갖게 하라.

   연결된 구역과 기관 리더들과 접촉할 수 있게 하라.

4) **전도지** 다양한 전도지 사용, 선교 후원자 그룹을 모집하라.

5) **전도 그룹** 세미나, 부흥회, 찬양, 병원, 노방, 미자립교회,

   상가 초청, 간증 집회의 소그룹과 다양한 SNS를 활용하라.

6) **월 1회 이벤트** 암송, 퀴즈, 찬양, 간증, 방문, 초청, 세미나, 위로 등

7) **지역 전도** 환경미화원, 장학, 반찬 봉사, 거리 청소, 교통 신호 등

8) **대외 선교**

   ① 복지 섬김 사역으로 영혼 구원

      -사회복지관, 어린이집, 재가복지, 노인복지센터 등
      -이사회 법인 중심으로 운영하되 교인 참여를 우선

   ② 대안학교 운영을 통한 영혼 구원

      -특성화 된 학교를 세움 : 연령별 운영 -영어, 유학, 진학, 신앙 중심 등

③ 병원 운영을 통한 영혼 구원 −요양병원 중심, 요양보호, 돌봄 사역 등

④ 출판 사역을 통한 영혼 구원 −다양한 출판을 교회 상황에 맞도록 진행

　　−교회 활동 소식, 설교 내용, 교우 소개 등

　　−신문, 월간지, 주간지, 전도지 등을 출간 등

⑤ 다양한 미디어 활동을 통한 영혼 구원

　　−홈페이지 운영, 유트브 활용, 페이스 북 등

　　−교회 소개, 목회자 설교 및 칼럼 시사 내용 등

⑥ 선교 센터 운영 (스포츠, 키즈카페, 놀이방, 급식 등)

⑦ 문화 센터 운영 (커피숍, 악기 렛슨, 미술, 자격증 등)

⑧ 실버 센터 운영 (노래 교실, 요가, 신체, 사고, 인식 등)

⑨ 장례 동산 운영 (사후 안정, 유대감, 묘지, 납골당 등)

＊교육 사역

1) **새 가족** 새 가족 등록부터 심방·양육 시스템이 움직여야 한다.

　　목회자 만남, 사진, 선물, 식사, 교육, 교제의 연결이다.

　　전도자, 소속된 구역, 기관에 연결하여 역할을 맡기라.

2) **연약자·장기결석자** 구역, 기관, 셀 조직과 연결된 삼겹줄 시스템을 만들라.

3) **다음 세대 모임** 전문 사역자, 활동 시설 공간, 장학 사업, 비전트립 등

4) **평신도 리더들** 그룹 코칭 워크숍을 상황에 맞도록 실시하라.

　　워크숍의 진행에서 필요한 역할들을 맡기라.

소그룹간 행사 겹침이 없도록 정보를 나누라.

리더를 중심으로 그룹 코칭 사역을 지속하라.

5) 공 예배 활용 교회력 절기, 기념, 월 주제, 신년, 계절의 변화에 맞추라.

소그룹들이 예배를 주관하게 하여 사명감을 촉진시키라.

(결단 예배, 감사 예배, 찬양 예배, 보고 예배, 간증 예배)

(2) 셀프 코칭 행정

1) 자기진단 행정 목회자로서 자신의 사역 분야의 강점을 찾아내라.

자기 발견을 위한 셀프 코칭의 도구를 사용하라.

2) 달란트 활용 자신에게 주어진 달란트를 찾아내서 그 사역에 집중하라.

잘하는 것, 좋아하는 것, 재미있는 것, 효과 있는 것이다.

목회 사역에 있어서 내적 은사와 외적 은사를 사용하라.

(설교, 찬양, 심방, 상담, 코칭, 운동, 관계, 교육, 기도)

3) 목회 의식의 전환 목회는 하나님이 맡긴 거룩한 사명이다.

목회는 직업이 아니라 소명의 응답이다.

목회는 가장 영광스럽고 위대한 일이다.

목회는 하나님 나라를 확장하는 일이다.

목회는 가장 소중하고 가치 있는 일이다.

목회는 내 일이 아니라 하나님의 일이다.

목회는 영혼을 구원하고 살려내는 일이다.

목회는 이 땅에서도 잘 되게 하는 일이다.

(3) 관계 행정

1) 목회자와의 갈등 해결

전제) 지상에 완전한 교회는 없다.　　예수 제자들도 불평하였다.

　　　목회에 100% 지지는 없다.　　　교회는 영적 종합병원이다.

관점) 합력하여 선을 이루신다.　　　하나님의 때를 기다리라.

　　　가시는 하나님의 은혜이다.　　　하나님의 관심은 나에게 있다.

　　　신앙 안에서 결코 우연은 없다.

　　　고난은 리더십을 세우는 도구이다.

　　　목회자에게 까닭없는 고난은 없다.

　　　하나님의 시험은 연단이고 훈련이다.

해결) 원수까지도 사랑하라.　　　전문적인 코치가 되라.

　　　설교로 해결하지 말라.　　　변명하려고 하지 말라.

　　　성령의 지혜를 구하라.　　　자신의 삶을 돌아보라.

　　　목회 사역을 점검하라.　　　주님의 음성으로 들어라.

　　　하 나님이 보낸 조교이다.　　자기세력을 만들지 말라.

　　　현상보다 본질을 파악하라.　5리를 가자 하면 10리를 가라.

오른뺨을 치면 왼편도 돌려대라.

비난하는 자와 코이노니아를 형성하라.

특별 관리 대상으로 인식하고 접근하라.

애경사에 진심으로 함께하고 공감하라.

칭찬과 격려로 긍정의 감성을 끌어내라.

공감, 인정, 경청, 침묵, 겸손, 감사하라.

2) **신자들 간의 갈등** 새 신자, 전입 신자, 기존 신자들의 갈등이다.

부서, 기관, 구역, 셀 사이의 갈등도 존재한다.

신자들의 갈등 해결은 개인 코칭으로 해결하라.

그룹간의 갈등 해결은 그룹 코칭으로 해결하라.

3) **행사 겹침 갈등** 부서 이기주의를 막을 수 있는 공동 목표를 세우라.

소식과 요람을 중심으로 최소 2-3개월 전에 알려라.

기획 위원과 그룹 리더들 간의 소통을 활성화시키라.

4) **당회원 관리** 개인이 맡은 부서 사역의 권위와 위치를 인정해주라.

회의 전에 관련 사역을 맡은 자와 공감대를 형성하라.

서로의 사역을 인정하고 존중해주는 분위기를 만들라.

개인적으로 신앙과 인간적인 소통이 선행되어야 한다.

당회원 가정들의 애경사와 희노애락에 관심을 가지라.

(4) 기획 행정

＊신년 목회계획

연말이 되면 정신적으로 시간적인 여유가 없다.

어떤 교회는 부 교역자들에게 위임하기도 한다.

당회에 보고를 위한 형식적인 맞추기로 세운다.

이유는 계획대로 실행하기가 힘들기 때문이다.

계획이 목회의 자유로움을 막는다고 생각한다.

나아가 성령님의 역사를 방해한다고 생각한다.

대부분 목회자들은 한 주간의 시기를 잡는다.

부교역자들과 더불어 계획을 세우기도 한다.

가능하면 당회와 사무총회를 전후로 세우라.

최소 2-3회에 걸쳐 계획을 세우기를 권한다.

담임목사는 계획의 모든 과정에 개입하지 말라.

1차는 담임목사가 직접 혼자서 기획구상하라.

2차는 기획에 맞추어 부교역자들이 계획하게 하라.

3차는 사무총회 이후 부교역자들과 함께 계획하라.

이 과정에서 부교역자들과 그룹코칭을 진행시키라.

코칭중에 생각지도 못한 아이디어가 산출될 것이다.

그 외에 분기, 월, 주간, 행사 계획도 동일하다.

차이는 있지만 비슷한 방법으로 가감하여 응용하라.

* 절기 행사

매년마다 지키는 정해진 교회의 4대 절기이다.

때문에 여유로운 기획을 통해 계획할 수 없다.

또한 제대로 계획을 세우지 못하는 이유가 있다.

교회절기를 상징과 기념으로 인식하기 때문이다.

교회의 4대 절기는 크게 영적, 육적 축복으로 나눈다.

영적인 축복을 의미하는 절기는 성탄절과 부활절이다.

육적인 축복을 의미하는 절기는 맥추절과 추수절이다.

성탄절 사례)

인류에게 구원의 복이 임했음을 심어주는

다양한 예배와 의미 있는 행사를 기획해야 한다.

이 모든 행사가 즉흥적이고 준비가 부족하게 되면

오히려 절기 예배가 형식적 행사로 치우치게 된다.

대안으로 예배위원회의 기능을 활용해야 한다.

목회자는 행사의 주제를 미리 알려주어야 한다.

창조적으로 준비하도록 위임하고 분담해야 한다.

이 과정에서 부원들을 그룹 코칭으로 참여시킨다면
목회자의 생각보다 더 좋은 지혜를 창출할 수 있다.

(5) 조직 행정

* 선교회 관리

모든 교회는 필수적으로 선교회가 조직되어 있다.
성별과 연령에 따라 세분화시켜서 구성되어 있다.

선교회의 특징은 모든 임원선출과 행사계획과 진행
재정관리에 있어서 자치적인 성격을 지니고 있다.

목회자가 선교회의 활동에 직접적으로 개입하는 것은
오히려 자율 활성화에 악영향을 끼치는 경우가 있다.

외적으로 목회자의 요구와 지시에 따르는 것 같지만
내적으로 거부감을 느끼고 부정적인 영향을 끼친다.

목회자는 회원들에게 선교의 중요성을 강조해야 한다.
선교회의 목적을 잊지 않게 주지하는 것이 중요하다.
대안으로 설교, 코칭, 선교현장 방문 등이 될 것이다.

* 교회학교 관리

대부분의 교회들은 당회가 지휘 감독하고 있다.

이에 담임목사는 운영과정에 관여를 하게 된다.

그러나 목회자의 관여는 결코 바람직하지 않다.

이런 현상들은 평신도들의 자율성을 제한한다.

이때 담임목사는 대외적인 역할을 해야 한다.

자발적 사역을 위하여 분위기를 형성해 주라.

그룹 코칭을 시도하면서 서로 협력하게 하라.

한 예로 '교육위원회'를 구성해 주어야 한다.

그리고 모든 진행과 운영에서 위임해야 한다.

그룹 코칭에서 채택된 대안에 적극 지원하라.

부족한 면이 있어도 위원회 결정을 존중하라.

* 당회 운영

(1) 보고 체계 시스템을 세우라.

　　회의 시 위원회 담당 장로가 보고하도록 원칙을 세우라.

　　효과 평신도들이 능동적으로 사역에 참여하게 된다.

　　목회자가 본질적 사명에 더욱 집중할 수 있다.

회원간에 감독심리로 신중한 결정을 하게 된다.

필요한 안건만 다루기 때문에 시간이 줄어든다.

위원회의 대표 상호간에 신뢰감을 가지게 된다.

(2) 담당자와 사전 소통을 하라.

당회장은 최종적인 리더로서 전체 회의를 진행하게 된다.

이때 사전에 해당 위원회 대표와 소통이 선행되어야 한다.

효과 권위를 인정하기 때문에 자부심을 갖게 된다.

(3) 소외감을 느끼지 않게 하라.

가능하면 부작용의 방지를 위해 만장일치제로 운영하라.

효과 행사의 신중함을 기할 수 있다.

서로의 인격과 생각들을 존중하게 된다.

(4) 그룹 코칭 워크숍을 가지라.

효과 교회 공동체를 세우는데 공감대가 형성된다.

* 인사 행정

* 직원(제직) 임명

'인사가 만사' 라는 말처럼 인사 행정은 목회의 핵심이다.

초대교회에서 일곱 집사 선택시 분명한 기준이 있었다.

교단과 교회마다 직원 선정에 대한 자격 요건들이 있다.
신앙연수, 봉사, 헌금 생활들은 분명하게 확인할 수 있다.
그러나 인성, 덕성, 윤리, 사회생활 등은 확인할 수 없다.

중·소형 교회 경우 거의 목회자 혼자 결정하는 현실이다.
이것은 장기적으로 오히려 목회 지도력에 걸림돌이 된다.
중·대형교회의 경우는 공정한 인사 시스템이 필요하다.

인사위원회나 당회가 기준에 따라 선택하게 해야 한다.
세부적인 절차들에 대하여는 위임 또는 분담해야 한다.
최종적으로 목회자가 개입하여 임명을 진행해야 한다.

세속 기준으로 직원을 임명하면 교회가 병들게 된다.
교회 본질인 신앙공동체 모습이 희석되기 때문이다.

직원을 임명하는 과정도 일종의 디다케의 사역이다.
잡음 없는 바른 인사를 위해 인사 시스템을 세우라.
가능하면 인사 문제를 주제로 그룹 코칭을 진행하라.

* 재무행정

교회가 일반 사회에서 비난받을 때 빠지지 않는 요소가 있다.
그 원인은 교회 재정수입과 지출에 대한 투명성의 문제이다.

*재정출납과 회계 관리

재정출납을 위하여 회계, 재무로 사무를 분장하게 할 것이며, 재무는 수입금을 계산하여 장부에 기입하고, 현금은 회계가 금융기관에 예금하게 할 것이며, 장부는 회계가 맡고, 통장은 회계가 보관하며, 명의는 담임목사 명의로 하고, 인장은 당회장이 맡으며, 출납은 재무부장을 경유하여 당회장이 결재한다.

-재정관리에 대한 성결교단의 헌법(제 6장 2절, 47조)

그러나 당회장 결재없이 재무부장이 선 결재하는 교회가 많다.

목사의 재정 관여가 덕스럽지 못하다는 잘못된 인식 때문이다.

목회자는 교회의 최고 경영자로서 재정 흐름을 알아야 한다.

목회의 모든 부분에는 반드시 재정과 밀접한 연관성이 있다.

그러므로 목회자는 재정 지출에 최종 결재권을 가져야 한다.

실제적인 대안

작은 교회나 큰 교회나 모든 교회에 공통적으로 적용된다.

재정 투명성을 위해서 재무행정 관리 원칙이 있어야 한다.

*기록의 원칙

재정 수입과 지출은 반드시 기록 장부가 있어야 한다.

청구서, 수입, 지출 주계서가 반드시 기록되어야 한다.

*보고의 원칙

고정지출 외 유동 지출은 당회장 결제를 받아야 한다.

재정 보고를 위한 모든 회의는 감사 보고가 필수이다.

* 근거의 원칙 지출에 따른 영수증 처리가 바르게 보관되어야 한다.

영수증의 발급이 곤란한 경우 첨부 서류가 필요하다.

* 다자의 원칙 특정인이 지출하지 않게 결재 시스템을 세워야 한다.

지출의 결정은 개인적 결정보다 회의를 거쳐야 한다.

* 계획의 원칙 모든 수입, 지출은 목회계획에 따라 집행해야만 한다.

특수 상황을 제외한 예산 없는 지출은 신중해야 한다.

기관이나 부서 지출은 행사계획에 따라서 지도해야 한다.

* 평가의 원칙 감사가 없는 재정의 보고는 오해와 갈등의 원인이다.

감사는 규모에 따라 연말이나 반 년마다 하도록 한다.

감사는 재정부원 이외의 사람들이 하도록 해야 한다.

(6) 소그룹 행정

소그룹의 중요성

소그룹은 한 영혼을 전인적으로 성숙시키는 교회 안의 교회다.

소그룹은 이기적인 사회에서 소속감과 위로를 주는 대안이다.

소그룹 사역이 활성화된 교회들은 성장하는 교회로 발전한다.

소그룹 리더들이 목회자와 함께 할 때 교회는 부흥하게 된다.

소그룹 사역에 참여한 신자들은 감동과 신앙 성장을 경험한다.

연령별, 지역별, 직분별, 사역별, 취미별, 은사별, 관심사

소그룹 운영 전략

참여 방법은 말씀 물질 기도 시간 찬양 선교 운동 등이다.

진행 방식은 말씀과 삶의 나눔을 시작으로 진행하면 좋다.

진행 시간은 회원들의 상황에 따라 자유롭게 가지게 한다.

* 목회 자세

목회 사역 전반에 걸쳐 항상 연구해야 한다.

타인에게 관대하고 자신에게 엄격해야 한다.

교회를 기업화하려는 물질의 유혹을 끊어라.

지·정·의적 인격적 균형을 위해 힘써야 한다.

교회의 대표가 아니라 지도자임을 잊지 말라.

규모에 맞는 지도력의 전환에 민감해야 한다.

교회 규모에 따른 외적 권위주의를 경계하라.

타당성이 있어도 즉흥적인 결정을 하지 말라.

목회의 목표를 세울 수 있는 기획력을 갖추라.

코칭을 응용화할 수 있는 코치가 되어야 한다.

행정업무를 수행할 수 있는 행정력이 있어야 한다.

말씀과 기도를 통한 영적인 지도력이 있어야 한다.

교회 안과 밖에서 존경받는 지도자가 되어야 한다.

목회의 모든 분야에서 교회 본질 회복에 충실하라.

자기 감정의 절제를 통한 부드러운 인품을 가지라.

성경적으로 타당해도 교회의 행정적 질서를 지켜라.

모든 일에 새로워지려는 개혁적인 자세를 유지하라.

많은 말과 사건을 분별할 수 있는 지혜를 추구하라.

7) 요약 도표

구분	진단	3단계				
교회	교세상황	중·대형교회	**목회초점**	사역목회	**교회모습**	가나안
목회자	삼중직	왕	**목사역할**	친구, 코치	**목회자세**	지도자
평신도	신자진단	장년	**인간존재**	영	**신자구분**	성도
	신자마음	하나님 사랑	**인격구분**	의지적	**나무성장**	열매
말씀	설교내용	고기	**설교전달**	질문		
사역	삼위일체	성령	**행정력**	자율적	**코칭방향**	그룹
	목회방향	증식	**예배의식**	삶	**목회비중**	1-2-3

목회
마스터키
3단계 행정 목회 코칭

4부 행정 목회 코칭 종합

1. 행정 목회의 종합적인 배경

1. 행정 목회의 종합적인 배경

하나님의 속성과 행정

하나님의 천지창조 과정에는 질서와 단계가 있었다.
인간 창조에 최종목적을 두고 단계별로 창조하셨다.

하나님의 속성 안에는 보이지 않는 원칙이 있었다.

하나님의 속성 중에 첫 번째는 사랑의 하나님이다.
사랑의 속성 안에는 원리, 질서, 단계가 담겨 있다.

하나님의 속성 중에 두 번째는 공의의 하나님이다.
공의의 속성 안에도 원리, 질서, 단계가 담겨 있다.

목회에 있어서 행정이란 원리, 질서, 단계를 말한다.
이런 관점에서 하나님의 역사는 언제나 행정적이다.

그리스도의 삼중직과 행정

그리스도의 삼중직 사역 역시 철저하게 행정적이다.

제사장을 세운 목적, 위치, 자세, 역할, 사명이 있다.
선지자를 세운 목적, 위치, 자세, 역할, 사명이 있다.
왕을 세운 목적, 위치, 자세, 역할, 사명 등이 있다.

교회 공동체와 행정

모세가 이스라엘 백성을 다스릴 때도 행정적이었다.
백성 중에서 지도자들을 세워서 공동체를 이끌었다.

사도들이 초대교회를 세우는 모습도 행정적이었다.
신자들 가운데 집사들을 세워서 공동체를 이끌었다.

바울이 교회와 신자들의 관계 비유도 행정적이었다.
교회는 주님의 몸이고 신자는 몸의 지체라고 했다.

몸은 어린아이에서 장년까지 성장의 과정을 거친다.
성장의 과정에는 원리와 단계와 질서가 있어야 한다.

모세와 사도들과 바울이 공동체를 세우고 이끌었다.
이때 그들이 취한 공통적인 지도력은 행정 목회였다.

성전 건축과 행정

노아가 방주를 건축할 때에도 구체적으로 명령하였다.
모세가 성막을 건축할 때에도 구체적으로 명령하였다.
솔로몬이 성전을 건축할 때도 구체적으로 명령하였다.

하나님의 건축 명령 속에는 원리와 단계가 담겨 있다.
복잡한 건축단계 속에서 하나님의 행정력을 발견한다.

노아와 모세와 솔로몬은 하나님의 명령대로 건축했다.
그들은 인간 방법이 아닌 하나님 방법대로 지어졌다.
지금도 교회를 세울 때 하나님의 방법대로 해야 한다.

코칭과 행정

이 모든 행정 목회를 관통하는 핵심 원리는 코칭이다.
이때 시대와 자신의 목회적인 상황을 진단해야 한다.
진단의 결과들을 코칭으로 처방전을 내놓아야 한다.

1) 복음 전파의 단계별 원리

오직 성령이 너희에게 임하시면 너희가 권능을 받고 예루살렘과
온 유대와 사마리아와 땅끝까지 이르러 내 증인이 되리라 (행 1:8)

1단계는 예루살렘과 유대, 2단계는 사마리아, 3단계는 땅끝이다.
그런데 이러한 복음 전파의 단계 중에도 원리가 담겨져 있다.
예루살렘과 유대를 복음화시킨 후에 사마리아로 가는 것이 아니다.
사마리아를 복음화시킨 후에 땅 끝으로 나가는 것이 아니다.

복음 확장의 단계는 있지만 세 지역에 동시에 전하는 것이다.
복음화율에 따라 점진적으로 선교의 지경을 넓혀가는 것이다.

2) 교회를 세우는 단계별 원리

사랑을 중심으로 하는 제사장적인 목회가 어느 정도 세워지면
말씀을 중심으로 하는 선지자적 목회 방향의 전환이 필요하다.
말씀을 중심으로 하는 선지자적인 목회가 어느 정도 세워지면
사역과 조직 시스템 중심의 왕적인 목회 전환을 해야만 한다.
확장 순서와 단계는 분명하게 정해졌지만 전환 과정은 다르다.

3) 성령과 교회 확장 단계

1단계에서 사람을 사랑할 수 있는 힘은 성령이 주신다.
하나님의 사랑을 모든 사람들이 경험하게 하는 것이다.
코이노니아 공동체를 세우는 데 전력투구해야만 한다.

2단계에서 말씀을 능력있게 전할 힘은 성령이 주신다.
진리 되신 예수님을 모든 사람들이 믿게 하는 것이다.
말씀을 받기 위해 예배와 기도와 찬양이 살아야 한다.

3단계에서 사역을 확장하는 에너지는 성령이 주신다.
성령으로 사람들이 예수의 증인이 되게 하는 것이다.
성령 충만 체험을 위하여 전심전력하도록 해야 한다.

단계별로 교회를 세우고 성장시키는 주체는 성령이다.
이때 단계별 목회 적용은 언제나 동시적이어야 한다.

그리고 교회를 올바르게 진단하는 과정들이 필요하다.
나아가 단계에 맞는 목회 방향의 전환이 따라야 한다.

2. 행정 목회 코칭 종합설계도

구분	진단	1단계	2단계	3단계
교회	교세상황	작은교회	중소형교회	중대형교회
	목회진단	사랑목회	말씀목회	사역목회
	교회모습	애굽	광야	가나안
목회자	삼중직	제사장	선지자	왕
	목사역할	부모	선생	친구
	목회자세	목양자	설교자	지도자
평신도	신자진단	어린아이	청소년	성인
	인간존재	육에 속한 자	혼에 속한 자	영에 속한 자
	신자구분	교인	신자	성도
	신자마음	한 마음(세상)	두 마음	한 마음(하나님)
	인격구분	정적	지적	의지적
	나무성장	씨앗, 뿌리	잎사귀, 줄기	열매
말씀	설교내용	젖	밥	고기
	설교전달	답	해석	질문
사역	삼위일체	하나님	예수	성령
	행정력	코이노니아	연합	자율적
	코칭방향	개인	개인과 그룹	그룹
	목회방향	섬김	양육	증식
	예배의식	축제	경배	삶
	목회비중	3-2-1	2-3-1	1-2-3

1단계 지역의 예루살렘 유대 사람들을 사랑할 수 있는 담대함

2단계 이방인 사마리아 사람들에게 말씀을 전할 수 있는 능력

3단계 세계 열방의 땅 끝까지 전도할 수 있는 식지 않는 열정

목회
마스터키
3단계 행정 목회 코칭

부록 **행정 목회
코칭을 위한 메뉴**

1. 그룹 코칭 설계도

진행 순서

1. 조장 *(서기)* 선출 *(조 이름, 구호 선정)*

2. 아이스 브레이킹 *(명패 만들기, 질문 카드, 경험 그리기 등)*

3. 의사 결정을 위한 코칭 도구

　　1) 임의 단어법 *(의식과 생각의 확장)*

　　2) 다중 투표 *(동의하는 의견에 의사 표현)*

　　3) 오감 만족도 *(시각, 미각, 촉각, 후각, 청각)*

　　4) ENOW *(정의, 필요성, 장애물, 방법론)*

　　5) 신호등 *(찬성과 반대 뿐 아니라 중립적 입장도 고려)*

4. 발표 *(조별 및 전체)*

5. 정리

　실행계획 *(3W)* → **액션 플랜** *(어떤 것을 실행할 것인가?)*

　육하원칙 중 세 가지 선택함→ 하나씩 가져가서 각자가 쓰게 한다.

6. 격려 및 마무리

진행 중 실천 내용

질문, 경청 *(공감)*, 인정, 신뢰, 격려 *(칭찬)*, 실행 *(결단)*, 기도

대상 **구역**(목장) **리더**

* **일시 :**   * **장소 :**

* **참석자 :** 새로운 출발을 위한 구역임원

* **목 적 :** 구역활성화 방안 찾기

* **퍼실리테이터**(진행자) **:**

* **진행순서**

소요시간	1단계	2단계
오후 3:50-4:10 20분 소요	* 오프닝 * 질문카드 (조별로 순환) * 조장 (서기) 선출	* 일정 안내 * 임원들의 헌신 격려 * 구호 제창 * 조 이름 (구호) 선정
오후 4:10-4:50 40분 소요	* 내가 경험한 　구역모임에서의 감동 　(그리기)	* 그림 설명하기 * 모조지 (크레용) 사용
	* 소그룹 점검하기 　ENOW 방식 (3개 의견) 　(모조지=4등분) (포스트잇)	* 구역이란 * 구역의 필요성 (중요) * 구역모임의 장애물
오후 4:50-5:20 30분 소요	* 공감하기 * 투표한 내용의 심화토의	모조지 (스티커) 사용 → 유사내용 모음(제목설정) * EN의 공감투표 (2개씩)
오후 5:20-5:40 20분 소요	* 날개달기 　ENO 고려하여 방안(W) 　찾기, 각자 3 개씩	포스트 잇 * 조 구호 제창후에... * 조별 발표하기
오후 5:40-6:00 20분 소요	* 결단하기 　각자 2개씩(발표)=조별로 * 소감 나눔	* 구역 (소그룹) 발전을 위해 → 내가 담당할 일 * 응원메시지/마무리기도

* **적용** 주제와 대상은 모든 그룹과 직분을 응용할 수 있다.

2.인성 코칭 대화 모델

1단계 라포형성-2단계 목표설정-3단계 가능성-4단계 실행계획-5단계 마무리

1단계 **라포형성**

1. 라포 형성하기 (마음 문 열기, 신뢰감 쌓기, 선입견 지우기, 가벼운 대화)

2. 일반적 질문하기 (날씨, 식사. 음악. 기분 등)

3. 인성 관련 질문하기 (칭찬 들었던 것들, 좋았던 일들, 감사했던 일 등)

4. 도구 사용하기 (명패 만들기, 질문카드, 그림그리기 등)

2단계 **목표설정**

1. 목표 설정하기 주제는 다양하게 정하되 해결할 수 있는 것으로 좁힘

   구체적 실행계획을 끌어낼 수 있는 단위로 설정할 것

2. 목표 질문하기

   무엇을 말하고 싶은가?

   목표 달성이 무슨 가치가 있는가?

   목표를 한 문장으로 표현해보라.

   이 목표를 이루는 것은 어떤 의미가 있나?

   원하는 모습이 10이라면 지금은 몇 점인가?

3. 목표설정 실습

둘씩 짝을 지음(주제를 통해 원하는 것이 무엇?)

3단계 **가능성**

1. 가능성 찾기

옳고 그름을 판단하지 말고 생각을 듣는 단계이다.

예상되는 장애 요소들 발견하게 한다.

이야기 요약, 현재 상태와 목표 사이의 간격을 찾는다.

2. 가능성 찾기 위한 질문

목표를 이루었다면 무엇이 동기가 되었나?

목표를 이룰 수 있는 자원이 있다면?

목표에 도달하면 어떤 일이 일어날까?

4단계 **실행계획** 목표를 위해 시도한 것이 있다면?

무엇을 시도해 보겠는가?

더 추가 한다면 무엇이 있는가?

여기서 가장 중요하게 해야 할 일은?

5단계 **마무리** 무엇을 알게 되었나?

실행을 위한 후원환경을 만든다

무엇을 느꼈는가?

다음 코칭시까지 실행하기로 한 것 확인?

3. 개인 신앙 스타일 진단

● 다음의 35문항의 질문을 읽고, 오른쪽 비어있는 흰 칸에 5점 척도에 따라 숫자를 기록해주세요. 1 매우 그렇지 않다 2 그렇지 않다 3 보통이다 4 그렇다 5 매우 그렇다

* 출처 기성한국코칭선교회, 한국FT코칭연구원(임마누엘코칭)

01	형식적 예배보다 실제로 하나님과 함께 손을 잡고 산이나 바닷가 혹은 정원을 걸을 때 하나님은 기뻐하실 것이다.							
02	예배와 교육은 물론 전도 선교 봉사 등도 이유가 무엇인지 분명히 알게 될 때 가슴이 뛴다.							
03	선한 일을 할지라도 사람들에게 드러내는 것은 이미 상을 받은 것이므로 조용히 하나님만이 아시는 것이 좋다.							
04	잘못된 것은 대결해서라도 깨우쳐 주어야 바른 신앙인이다.							
05	하나님은 인격적인 분이시기에 그리스도의 사랑을 나타내는 행동이 따를 때 진정한 그리스도의 증인이라고 믿는다.							
06	묵도로 시작되는 한국의 전통적인 형태로 예배드릴 때 하나님과 친밀감이 느껴진다.							
07	하나님과 사랑은 이웃 사랑과 떼어놓고 생각할 수 없으며 이웃을 긍휼히 여길 때 하나님과의 친밀함을 느낀다.							
08	큰 소리로 찬양하고 기도할 때 하나님과 친밀감을 느낀다.							
09	사막에 있는 것처럼 하나님과 자신 외에 아무것도 없는 곳에서 하나님과의 친밀함을 느낀다.							
10	하나님에 대하여 납득할 수 있도록 논리적으로 설명을 해야 믿음이 가고 하나님을 조금이나마 신뢰할 수 있다.							
11	하나님이 만드신 자연 속에서 예배드릴 때 하나님의 손길이 느껴지고 친밀감이 생긴다.							
12	올바른 일이라고 생각될 때 그 일을 위해 정의를 외치고 행동함으로 하나님과의 친밀함을 느낀다.							

13	임마누엘의 하나님 우리를 죄에서 구속하신 하나님 앞에 주눅이 들 필요는 없다 축제로 예배드려야 한다.							
14	선지자들처럼 불의를 보면 항의하며 정치적인 일에 나서는 것은 그리스도인으로서 마땅히 해야 할 일이다.							
15	교회는 그리스도의 몸이므로 지체인 성도들이 함께 자주 모여서 예배하고 기도해야 한다.							
16	오래전에 기록된 성경이 현재를 살아가는 그리스도인들에게 연결될 수 있도록 교리적인 연구가 필요하다.							
17	아무런 방해 없이 하나님께 사랑의 마음을 표현하고 하나님 음성에 귀를 기울일 때 행복하다.							
18	매주 야외예배를 드릴 수 있다면 최고 행복이 될 것이다.							
19	선한 사마리아사람 이야기는 아름다운 이야기이다.							
20	매 주 의식 있는 예배를 드릴 때 하나님과 친밀을 느낀다.							
21	무조건 믿는 것보다 이유를 알 때 믿음이 깊어진다.							
22	사회 개혁운동가들 이야기를 읽거나 들을 때 가슴이 뛴다.							
23	기쁨은 하나님께 대한 믿음의 수준을 나타낸다고 믿는다.							
24	사도신경 교독문 등이 포함된 예배드리는 것이 좋다.							
25	어린아이처럼 순전한 모습으로 다윗이 하나님 앞에서 춤추었던 모습을 하나님은 기뻐하시리라 믿는다.							
26	경배 고백 감사와 같이 기도의 틀이 있을 때 기도가 훈련이 되고 습관이 되어 하나님께 더 가까이 나아갈 수 있다.							
27	하나님이 창조하신 자연을 볼 때 깨닫는 것이 많다.							
28	성경을 배우고 가르칠 때 보람 있고 하나님이 인정하신다.							
29	조용히 예배드리고 기도하는 것보다 아픈 사람을 위해 사역할 때 하나님께서 사랑의 눈으로 지켜보심을 느낀다.							
30	다른 사람들에게는 비교적 너그러운 편이나 자신에 대해서는 철저하고 엄격함으로 하나님과의 관계를 키워나간다.							

		1	2	3	4	5	6	7
31	말만 앞세우는 그리스도인들보다 행동하는 양심이 되어야 하나님께서 사랑하신다고 믿는다.							
32	다른 사람은 아무도 알 수 없는 하나님과의 비밀을 많이 가지고 있어야 하나님과 친밀한 관계라고 할 수 있다.							
33	하나님의 사랑을 무한정 받았으니 어려운 이웃들에게 당연히 흘려보내야 한다고 믿는다.							
34	자연에서 하나님 손길을 느끼고 가슴이 뛴다.							
35	어떤 신앙의 형태보다도 하나님은 마음을 받는 분이시기에 열린 마음으로 나아가는 것이 중요하다.							
	총 계	1	2	3	4	5	6	7

채점 방법

위 표의 총계 칸에 해당 칸에 적힌 숫자들을 모두 더한 합계를 기록하고 신앙스타일 표에도 그 총계를 적으시오.

코칭 실습

* 6인 1조가 된다.
* 점수가 가장 높은 두 스타일과
  그에 맞는 사역을 적는다.

신앙스타일	총계
1. 전통적 스타일	
2. 지성적 스타일	
3. 감성적 스타일	
4. 자연적 스타일	
5. 수도원 스타일	
6. 사회봉사 스타일	
7. 사회정의 스타일	

1. _____ 스타일

사역 1-1 _____   사역 1-2 _____

2. _____ 스타일

사역 2-1 _____   사역 2-2 _____

4. 공동체를 위한 코칭 도구

<u>프로세스코칭</u>이란 공동체나 그룹에서 어떤 목적을 달성하기 위하여 일을 처리하는 과정이나 순서를 코칭의 원리와 도구를 사용하여 진행시켜 나가는 워크숍이다.

* facilitation *(목적달성을 촉진시키는 활동 용어)*
* facilitator *(퍼실리테이션을 성공적으로 이끄는 전문가)*

* 프로세스 코칭의 배경

　프로세스 코칭 *(일대 일, 그룹 코칭과 다른 조직 코칭 분야)*

　집단지성 코칭 *(조직의 구성원들이 비전이나 전략을 수립하고 문제나 갈등을 해결하며, 창의적 아이디어를 담는 기법)*

1) 사회기술 시스템 *(시대별 패러다임의 변화, 리더의 역할 변화, 변화의 요인들, 자본 변화, 프로세스코칭의 철학, 인간의 기본적 필요)*

　* 인간의 기본적인 필요
　　1. 안전- 왕따 되지 않기 원함, 래포 형성 참여
　　2. 정체성- 자기발견　　3. 결정권　　4. 인정받음

2) 상호작용 기술

* Delta Talk 3인 1조 *(화자, 청자, 관찰자 역할분담)*

* 질문 느낌카드 *(5장 카드를 갖고, 한 장 선택 뒷면 대답)*

* Find 질문 그림이나 영화를 보고 사실, 느낌, 결론, 해결

프로세스 기술들

1) 아이스브레이킹 *(명패 만들기, 질문 느낌 카드, 강점 찾기, 경험 그리기)*

2) 목표의 기술 *(설정 방법, 명확, 수치.달성 가능, 관련, 시간제한, 합의)*

3) 환경의 기술

장소 선정, 인원 준비, 테이블, 사전 준비물 *(인원수에 맞게 조정)*

4) 발산의 기술

발산 원리 *(비판금지, 양의 추구_많은 양 속에 질이 나옴, 목표량, 제한 시간)*

* **임의 단어법** *(의식과 생각의 확장)*

* **Table Round** *(아이디어 넘기기)*

* **육감만족도** *(시각, 청각, 미각, 후각, 촉각, 육감)*

* **IDEA** *(증가, 감소, 제외, 창조)*

* **CAMPUS** *(결합, 적용, 수정, 용도변경, 제외, 대체)*

* **ENOW** *(정의, 필요, 장애, 방법)*

5) 수렴의 기술

* Grouping *(비슷한 것 끼리 배치하는 방법)*
* Naming *(그룹의 테두리를 그리고 제목을 붙이는 방법)*
* Processing *(도출된 데이터를 시간 순서로 배열 방법)*
* 맥킨지 로직나무 *(유사 데이터, 카테고리, 이름 붙임)*
* Think Map *(창의력과 아이디어를 극대화시키는 도구)*

6) 탐색의 기술

* 탐색 원리 *(깊이와 확장, 구체화, 누락 추가, 새로운 생각, 알려줌)*
* 탐색 질문 도구 *(Bone - Fish Diagram, Deep Ways, Gallery Walk)*

7) 평가의 기술

* 다중 투표 *(한 사람이 여러개의 대안에 투표)*
* 손가락 합산법 *(대안별로 손가락을 펴고 합산해서 결정)*
* Baseball - grid *(성과와 노력을 4분면으로 배치)*

저 노력 고 성과 *(만루홈런)*	고 노력 고 성과 *(연장전)*
저 노력 저 성과 *(도루)*	고 노력 저 성과 *(1루)*

8) 정리의 기술

* 3W *(육하원칙 중에서 3가지 선택)*
* RACE Chat *(담당자, 승인자, 조언자, 전달자)*
* 동의 확인법 *(예~ 보다 아니오~를 찾기위한 도구)*

9) 바느질 *(바라는 것이 강의를 통해 이루어진 점, 느낀 점, 질문할 점)*

5. 기획을 세우는 과정

1) 목표설정

* **목표** 기획이 달성하려고 하는 결과 또는 상태
* **설정** 발생할 상태에 대비하기 위해 수립함

목표는 기획수립, 집행, 평가의 지침이 된다.

그러므로 1) 타당성과 실현가능성이 있어야 한다.

2) 미래를 예측하고 설계할 수 있어야 한다.

2) 상황분석 *(미래 불확실을 전제하면서 예상하는 것)*

현 상황에서 기획하되 미래 상황을 예상하면서 한다.

* **고려할 점** 기존의 문제 *(현재)*, 예상되는 문제

기대성과 목표 달성의 방해요인들 *(변수)*

조직환경 *(정치적, 기술적 변화들)*, 저항요인 *(적응 능력)*

* **방법** 통계자료, 관계문헌을 통한 정보수집 *(인과관계. 상관관계. 정신분석)*

조사: 탐색, 기술, 인과(因果)

3) 대안 탐색

과거의 자료가 있을 때 → 의존하라

과거의 자료가 없을 때 → 창조적, 능력

* 개발 순서

가) 파악된 문제 인식, 문제가 목표와 연결 가능성

나) 문제해결과 목표달성의 수단을 모색

다) 여러 수단을 배합하여 여러 대안을 구성

4) 대안 비교.선택

* 기준   효과성 (목표 달성도)

능률성 (투입과 산출의 관계)

공평성 (**수직적 분배**_능력에 따라 다르게, **수평적 분배**_일률적으로 동일하게)

* 집행 가능성(실현 가능성)을 위한 5대 요소

가) 기술   나) 재정   다) 행정   라) 정치   마) 시간

5) 대안의 집행과 평가

* 집행 목표에 부합되면서 집행 과정에서

평가, 감시, 통제, 시정 조치 후에 → 목표 달성

* 평가 기획의 집행 완료시 평가기관(자체기관, 연구기관, 학자, 감사)에서 시도

평가 결과가 새로운 목표에 반영 (순환 과정)

6. 행정 기획안 적용 사례

▋중대형교회 사례 ▋전도를 주제로 한 기획안

1. 서론

1) 문제의식 제기

과학과 경제발달 그리고 직업의 다양화와 전문화 속에서 현대인들의 이기적인 사회의식이 보편화 되고 있다. 이러한 세속적인 흐름이 기독교인들에게도 파급되어 기독교의 기본 신앙관인 이타적인 신앙관이 퇴색되고, 이기적인 신앙관이 확산되어 타인에 대한 전도의 열심이 사라져가고 있다. 그 결과 나홀로 교인들만 교회를 가득 메우고 있다. 이러한 이유로 비기독교인들에게 교회가 비판과 지적을 받고 있다.

수많은 인구와 대형 사고로 인한 인명피해 등의 이유 때문에 한 사람의 생명 가치가 희석되고 귀하게 생각되지 않고 있는것이 현실이다. 이에 기독교인들 마저 한 사람의 영혼(생명)에 대한 존귀함을 무시하고 타인에 대한 무관심속에서 신앙생활을 하고 있다.

그러나 이러한 사실은 개인적인 일로 끝나는 것이 아니라, 이러한 현상은 교회 본연의 사명을 망각하는 것이다. 또한 신앙생활의 기본사상이 퇴색될 뿐만 아니라 더 나아가서 교회성장과 발전에 장애요인이 된다. 긍극적으로는 일반 세상의 삶의 현장에서 교회의 존재 가치와 의미가 무색하게 되는 결과를 가져올 수밖에 없다.

2) 기획 과정

기획의 일반적인 과정과 단계(목표 설정-상황 분석-대안 탐색-대안의 비교와 선택과 평가-대안의 집행과 최종 평가)를 중심으로 하되 해당 교회가 속한 환경과 위치 자료들을 참고하고자 한다.

2. 본론

1) 목표설정

해당 교회는 연말까지 적어도 교인 1만 명이 모이는 교회가 되게 하기 위해서, 현재 교세인 3,500명의 교인이 1년 안에 최소한 두 명은 전도해야 한다는 목표를 가상적으로 설정할 것이다. 이러한 목표는 교인의 전출(이사, 죽음 등)이 발생할 것을 감안하고 대비하면서 목표를 설정한 것이다.

미래를 간단하게 예측해 볼 때, 미래 인간의 삶의 스타일은 어쩔 수 없이 이기적, 개별적, 개인적인 방향으로 나아갈 것이다. 어느 한 시간과 일자에 모두가 모여서 어떠한 일을 추진한다는 것은 거의 불가능한 시대가 이미 도래하였다.

많은 사람들을 동시에 한 장소에 모이게 한 다음에, 연설을 하려면 어떠한 종류의 선거에서나 대중 집회를 통한 방법은 힘든 시대가 되었다. 다양한 직업과 바쁜 일정 때문에 이제는 어쩔 수 없이 개별적인 접촉의 방법을 택할 수 밖에 없는 실정이다.

이러한 상황에서의 교회 역시 과거처럼 대중적인 집회를 통한 전도보다는 일대일의 접촉방법을 통하여 전도하는 방법을 택할 수 밖에 없게 되었다. 이러한 점에서 볼 때 1년 동안에 한 사람이 두 사람을 전도하자는 표어("나 하나로 두 영혼을")와 목표설정은 충분히 타당성과 실현 가능성이 있다고 보여진다.

2) 상황의 분석

목표가 설정되면 현재하는 상황과 미래의 상황과를 연계시켜 문제를 규명하는 상황분석이 있어야 한다. 즉, 미래의 상황과 연관시켜 목표를 설정한 다음 미래의 상황에 접근할 수 있는 현재의 상황을 체계적으로 분석하여야 한다.

상황의 분석은 현재뿐만 아니라 미래에 예상되는 상황에 대한 예측도 병행하여야 한다. 따라서 목표에서 설정된 미래와 현존하는 상황이 변화되는 경우 발생하게 될 미래와의 격차를 정확히 파악하여야 한다. 그리고 목표에서 설정된 미래 상황에 접근할 수 있도록 노력을 하여야 한다.

상황을 분석하는 과정에서 제기되는 기존의 문제, 예상되는 문제 및 목표를 달성하는 데 제거하여야 할 요인과 변수를 규명하는 것이다. 그러므로 미래의 상황 및 변화하는 상황에 연계되는 변수들을 정확히 진단하고 파악하는 것이 중요하다.

이론적 근거를 통해 목표에 대한 상황 분석을 고찰하고자 한다.

여기서 고려해야 할 요소들이 있다.

첫째, 기존의 문제(현재의 문제)이다.

* 오래 된 교인 구성원들에 대한 문제이다

　　본 교회의 역사가 50여 년이 되었기 때문에, 통계에 의하면 교회내 구성원들 역시 15년이상 오랫동안 신앙 생활의 경력을 가진 사람들이 상당수(약 70%)를 차지하고 있다. 이러한 사실은 목표 달성에 부정적인 영향을 가져올 수밖에 없다. 왜냐하면 이러한 교인들은 대부분이 사회와 이웃과의 상관 관계 속에서 이미 기존 신자로 평가를 해버리기 때문에, 비록 한 사람일지라도 전도가 어려운 것이 경험적으로 판명이 났기 때문이다.

* 본 교회 주변 환경의 문제이다

　　교회가 속한 지역은 소비 지역으로서, 여관이나 술집이 많은 환락 지역의 환경을 가지고 있다. 때문에 교육열과 자녀 교육에 관심이 깊은 부모들의 입장에서는 당연히 자신의 자녀들을 불건전한 지역에 위치한 교회에는 청소년과 어린이 전도는 물론 장년들에 대한 전도 역시 음성적으로 악영향을 끼치고 있다.

* 원거리 교인들에 대한 문제이다

　　교회의 지리적인 위치가 서울 도심 지역에 자리하고 있기 때문에 교회를 중심한 지역 교회로서의 역할을 하지 못하고 있다. 시간이 지날수록 교회로부터 멀리 떨어져서 신앙 생활하는 교인들이 점진적으로 증가하고 있다. 이러한 이유로 원거리 신자들은 비록 한 사람일지라도 자기가 사는 지역에서 멀리 떨어져 있는 사람을 본 교회로 인도하는 것이 장애물이 되고 있다.

둘째, 진행하면서 예상되는 긍정과 부정적인 문제이다.

긍정적인 면은, 교인들에게 숫자적인 개념으로 볼 때에, 큰 부담이 되지 않기 때문에 전도해야 한다는 자신감을 심어줄 수 있다는 점이다. 그러나 부정적인 면은, 두 사람을 전도하는 기간이 1년이라는 긴 시간의 여유가 있기 때문에, 전도할 수 있는 기회를 놓치거나 다음으로 미룰 수 있는 여지가 있기 때문에 오히려 나태해지고 전도의 열심이 식어질 우려가 있다는 점이다. 나아가 두 명을 전도한 교인들이 이제는 자기의 전도 의무가 없어졌다는 안일한 사고 방식이 생길 수밖에 없다.

셋째, 목표 달성에 있어서 기대할 수 있는 면들이다.

한 사람 전도 대상자를 위해서 내적으로는 집중적으로 기도할 수 있고, 외적으로는 좋은 인간 관계를 통한 기독교인다운 삶을 유지할 수 있다. 또한 자신의 성실한 노력과 작은 관심이 교회를 1만 명이 모이는 대형교회로 변화시킬 수 있다는 점에서 본인이 출석하는 교회에 대한 자부심을 심어줄 수가 있다.

넷째, 목표 달성에 있어서 방해되는 변수들이다.

어떠한 조직 공동체이든지 비판적인 의견을 직간접으로 표출하여 목표달성에 분위기를 흐려놓는 그룹이 있기 마련이다. 이러한 반대 세력은 지도자의 지도력에 기대를 걸 수밖에 없다고 본다. 이것은 기획의 집행 후에 평가되어야 할 문제이다.

다섯째, 조직 환경에 있어서 정치적, 기술적인 변화들이다.

전도를 통하여 교회에 처음 나온 사람들에 대한 철저한 후속 관리가 필요하다. 즉 교회의 뒷문을 막아야 한다. 본 교회는 새신자 전담 교역자 및 부서가 있기 때문에, 새신자에 대한 기술적인 문제는 새신자 교역자 및 부서에 의존할 수밖에 없다. 기획의 집행 후에 평가가 내려져야 할 것이다.

여섯째, 저항 요인(적응능력) 판단이다.

단순하게 교회에 한 번만 나오게 하는 것이 아니라, 정식 절차를 밟아 교회에 등록시키고 계속적인 신앙 생활을 유도해야 하기 때문에, 새로 나온 사람에 대한 지속적인 관심과 접촉을 필요로 한다. 즉 이러한 책임성의 원인 때문에 기존의 교인들이 미리 적응하지 못할 것을 우려해 처음부터 의식적인 저항의 결과를 가져오기가 쉽다.

3) 대안의 탐색

목표 설정과 상황 분석의 기획 과정을 통하여 나타난 문제에 대하여 가능한 대안을 다양한 수단들을 통하여 탐색하는 개발 과정이 반드시 있어야만 목표 설정에 대한 실현 가능성을 기대할 수가 있다.

이제 상황 분석을 통한 탐색의 개발 과정 순서를 살펴보자.

첫째, 목표 설정과 상황 분석의 과정을 통하여 파악(정의)된 문제가 무엇인가를 정확하게 인식하여야 한다.

① 오래된 교인 구성원들에 대한 문제이다.

② 본 교회 주변 환경의 문제이다.

③ 먼 거리 교인들에 대한 문제이다.

④ 1년이라는 긴 시간의 여유 문제이다.

⑤ 적은 숫자에 전도의 열심이 식어지는 문제이다.

⑥ 비판적인 의견을 가진 교인들에 대한 문제이다.

⑦ 교회지도자의 지도력*(열정. 사랑)* 문제이다.

⑧ 새신자 부서에서 새신자 관리 문제이다.

⑨ 새신자에 대한 전도자의 부담의 장기화 문제이다.

둘째, 문제를 해결하거나 목표를 달성할 수 있는 수단을 광범위하게 모색해야 한다.

여기서 가능하면 여러 수단을 적절히 배합하여 실현 수준을 달리하는 여러 대안을 구성해야 한다. 위의 아홉 가지 문제들에 대한 해결 수단과 대안들을 원칙론적인 측면에서 연구해보면 아래와 같은 대안들이 있을 것이다.

① 은 **오래된 교인 구성원들에 대한 문제**이다.

　*새로운 사명 의식을 고취시켜야 한다.

　*교회 사랑과 교회에 대한 주인 의식을 심어줘야 한다.

　*새로운 사람들과의 인간 관계 훈련을 실시한다.

② 는 **본 교회 주변 환경의 문제**이다.

　*건전 문화와 청소년 선도를 위한 캠페인을 벌인다.

　*교회 주변 지역 환경을 깨끗이 청소하는 일을 한다.

　*지역주민 대상으로 경로잔치를 열고, 소년소녀 가장을 돕는다.

③ 은 **원遠거리 교인들에 대한 문제**이다.

　*버스 운행을 지역 교인 수에 따라 적절히 배치한다.

　*교회 근거리에 있는 전철역을 활용하게 한다.

　*주일 저녁 예배를 오후 예배로 대치한다.

④ 는 **1년이라는 긴 시간의 여유로 나태해지는 문제**이다.

* 지속적인 홍보와 메세지를 전한다.

* 종말론 신앙관을 갖고 매일 최선을 삶을 살도록 이끈다.

* 공적 예배시 전도 대상자에 대한 기도를 한다.

* 전도 등급표를 봄, 가을로 게시판에 부착한다.

* 전도를 많이 한 성도에 대한 상급을 주지시켜준다.

⑤ 는 **적은 숫자에 대한 전도의 열심이 식어지는 문제**이다.

* 영성 훈련을 실시한다.

* 봄, 가을에 전교인 특별새벽기도회를 실시한다

* 두 명이상 전도한 자에 대해 특별한 목회 배려를 둔다.

* 전도세미나 등의 프로그램을 마련한다.

⑥ 은 **비판적인 의견을 가진 교인들에 대한 문제**이다.

* 사랑으로 이해하고 진심으로 위하여 기도해 준다.

* 대화로 자신의 의견을 표현할 기회를 줌.

* 부족함을 인정하고 기도와 협조를 의뢰한다.

⑦ 은 **교회 지도자의 지도력**(열정, 사랑) **문제**이다.

* 설교와 삶을 통해 목표 달성에 열정을 보여준다.

* 행사보다도 전도(목표설정)에 최우선순위를 둔다.

* 목회자 개인적인 특별 기도기간을 갖는다.

⑧ 은 **새 신자 부서에서 새신자 관리 문제**이다.

* 새신자 부서에 대한 관심을 전 교회적으로 가진다.

* 재정, 환경성, 인력 지원 등을 최우선으로 해야한다.

* 새신자 관리부원에 대한 교육 훈련 실시이다.

⑨ 는 새신자에 대한 전도자의 책임 부담의 장기화 문제이다.

  * 신앙 생활의 인내심을 키워준다.

  * 주어진 달란트 *(재능)*를 활용하게 한다.

  * 목표를 달성한 자에 대한 특별 시상을 홍보한다.

  * 새신자에게 끊임없는 관심이 필요함을 알게 한다.

4) 대안의 비교와 선택과 평가

지금까지 목표 달성을 위한 상황 분석과 대안들을 모색하였다. 검토한 후에 가장 이상적인 최종안을 선택하고자 한다. 대안을 비교, 평가하는 단계는 기준 설정과 실현 가능성을 측정하는 단계이다. 대안들 간에 우선 순위를 정하는 기준을 설정하여야 한다. 평가 기준은, 목표 달성에 대한 효과성 및 투입과 산출에 대한 능률성 그리고 수직적 분배와 수평적 분배 등으로 공평성의 문제를 점검해야 한다.

최종적으로 선택한 대안들이 과연 실현 가능성이 있는가? 집행 가능성의 여부를 재고해 볼 것이다. 재고 기준은, 기술적 가능성, 재정적 가능성, 행정적 가능성, 정치적 가능성, 시간적 가능성 등이다.

첫째, 오래된 교인들에 관한 대안 제시이다.

  1) 새로운 사명 의식을 고취시켜야 한다.

  2) 교회 사랑과 교회에 대한 주인 의식을 심어주라.

  3) 새로운 사람들과의 인간 관계 훈련을 실시한다.

세 가지 대안 중 평가 기준에 의해 실현 가능성을 검토하여

세 번째를 선택하여 집행할 예정이다.

1), 2)는 특별하게 선택할 사항이 아니고 교회가 존재하는 한 어떤 특별한 목표설정을 하지 않았어도, 지속적으로 주지시켜야 할 사항이다. 그러나 3)의 대안은 친근한 감정을 심어줄 수 있는 사항이다. 고로 전문가 초빙을 통한 약간의 재정적 투입이 가능하기 때문에 3)의 프로그램이 가장 적합하다고 생각된다.

둘째, 본 교회 주변 환경의 문제에 관한 대안 제시이다.

   1) 건전 문화와 청소년 선도를 위한 캠페인을 벌인다.

   2) 주변 지역의 환경을 깨끗하게 청소하는 일을 한다.

   3) 주민 대상으로 경로잔치를 열고, 소년소녀 가장을 돕는다.

세 가지 대안 중 평가 기준에 의해 실현 가능성을 검토하여

세 번째 *(지역주민 위로 및 돕기)*를 선택하여 집행할 예정이다.

1)은 홍보대상이 청소년으로 한정되며, 시간적으로 분위기 조성을 위한 지역민과의 교감을 위해서 시간이 필요하다. 2) 는 환경을 답사한 결과 생각보다 거리가 깨끗하게 단장되어 있다. 또한 이것은 계속적인 일이 되어야 하기 때문에 좀 더 철저한 준비가 필요하다. 3)은 재정적 부담이 되지만 지금까지 본 교회가 부분적으로 해오던 일이었다.

셋째, 원거리 교인들에 관한 대안 제시이다.

   1) 버스 운행을 지역 교인 수에 따라 배치한다.

   2) 교회 근거리에 있는 전철역을 활용하게 한다.

   3) 주일 저녁 예배를 오후 예배로 대치한다.

세 가지 대안 중 평가 기준에 의해 실현 가능성을 검토하여

세 번째 *(오후 예배 신설)*를 진행하는 것이다.

1)을 실시해도 경험적으로 평가할 때 기존 신자 수용은 가능하지만 새신자 전도에 대한 효과는 기대할 수가 없다. 2)는 교인들의 참여를 막연하게 기대할 수 밖에 없다. 3)은 실현 가능성의 측면에서 볼 때, 재정적, 기술적, 행정적, 정치적 등 모든 사항에서 타당성이 있다. 또한 본 교회 내에서도 수년 전부터 거론되던 문제였다.

넷째, 1년이라는 시간 여유로 나태함에 대한 대안이다.
　　1) 지속적인 홍보와 메세지를 전한다.
　　2) 종말론 신앙관을 갖고 매일 최선을 삶을 살도록 이끈다.
　　3) 예배드릴 때마다 전도 대상자에 대한 기도 시간을 가진다.
위의 세 가지 대안 중 평가 기준에 의해 실현 가능성을 검토하여
세 번째 *(예배 기도 시간)*를 선택하여 집행할 예정이다.

1)은 분기별로 특별홍보전 게시판을 활용할 것이다. 2)는 어떤 상황에서도 지속적으로 실행에 옮겨야 할 사항이다. 그러나 3)은 교인들이 새로운 전도 대상자에 대한 세밀한 관심과 함께 모든 교인들이 공통체의식을 갖게 되는 효과도 있다.

다섯째, 전도 열심이 식어지는 문제에 관한 대안 제시이다.
　　1) 영성 훈련을 실시한다.
　　2) 2명이상 전도한자에 대해 특별 목회 배려를 둔다.
　　3) 전도 세미나 *(전도학교 개설)*의 프로그램을 가진다.
세 가지 대안 중 평가 기준에 의해 실현 가능성을 검토하여
세 번째 *(전도세미나, 전도학교)*를 선택하여 집행할 예정이다.

1), 2) 는 교인 전체를 대상으로 하지 않기 때문에, 한계가 있으며 여기에서 소외된 교인들에 대한 이질감 및 역효과를 심어주는 부정적 측면이 있다. 그러나 3) 은 전체 교인을 대상으로 하기 때문에 이질감의 염려는 없다. 또한 본교회 자체 행사만이 아니라, 교회의 규모가 크기 때문에 지방회적인 각종 전도세미나 등을 유치하여 본 교인을 참석할 수 있도록 유도함으로써 전도에 대한 관심을 증진시키려 한다.

여섯째, 비판적 의견을 가진 교인들에 관한 대안 제시이다.

　　1) 사랑으로 이해하고 진심으로 위하여 기도해 준다.

　　2) 대화 시간을 통해 의견을 표현할 기회를 준다.

　　3) 부족함을 인정하고 기도와 협조를 의뢰한다.

세 가지 대안 중 평가기준에 의해 실현 가능성을 검토하여

두 번째 *(대화 시간 마련)*를 선택하여 집행할 예정이다.

1)은 일반 통행적이며 내면적인 경건성이 있기 때문에, 1년의 기간은 너무 촉박하다. 3)은 지도력에 대한 불신의 여지가 있으며, 오히려 교인들에게 이해받으려는 나약함을 통해 역효과를 드러내기 쉽다. 2)는 1)과 3)의 절충안으로서 불만적인 교인들에게 마음껏 의견을 토로할 수 있는 장場을 마련하여 간접적인 지도력 발휘와 함께 협조체제를 형성할 수 있는 적절한 방안이다.

일곱째, 지도자의 지도력(열정, 사랑)에 관한 대안 제시이다.

　　1) 설교와 삶을 통해 목표 달성에 열정을 보여준다.

　　2) 다른 행사보다 전도*(목표 설정)*에 우선 순위를 둔다.

두 가지 대안 중 평가 기준에 의해 실현 가능성을 검토하여

두 가지 모두를 선택하여 집행할 예정이다.

교회 강단에서만이 아니라 실제 작은 행사와 사역 속에서 주변의 목회자 및 평신도들에게까지 전도*(한 영혼 구원)*에 대한 열심을 보여주고, 재정적인 측면에서도 전폭적인 지원을 아끼지 말고 협력하는 열정을 심어주어야 한다. 이러한 대안의 실천은 먼저 목회자 자신의 영적인 신앙 훈련 과정과 삶이 연속되는 것도 지원하게 될 것이다.

여덟째, 새신자 관리 문제에 관한 대안 제시이다.

    1) 새신자 부서에 대한 관심을 전 교회적으로 가진다.

    2) 재정, 환경, 인력지원 등을 최우선으로 해야한다.

    3) 새신자 관리부원에 대한 교육 훈련실시이다.

세 가지 대안 중 평가 기준에 의해 실현 가능성을 검토하여

두 번째*(우선 순위)*와 세 번째*(교육 훈련)*를 집행할 예정이다.

1) 에 대안 선택을 위해서는 이해 부족으로 교인들에 대한 집중력 향상은 기대하기가 어렵다. 교회 내 많은 부서 중에 하나의 부서로 인식하는 것 때문에 거부반응을 유발시킬 우려가 있다. 그러나 2), 3)은 당연히 해야할 사역이다. 새신자 부서에 대한 관심의 방법과 부원에 대한 교육의 기회를 대내외적으로 부여하여 적극적인 지원을 할 수가 있다.

아홉째, 전도자의 책임 부담의 장기화 문제 대안이다.

    1) 주어진 달란트*(재능)*를 활용하게 한다.

2) 연말까지 달성한 자에 대한 특별시상을 홍보한다.

3) 지속적 관심과 기도가 필요함을 알게 한다.

세 가지 대안 중 평가 기준에 의해 실현 가능성을 검토하여

세 번째 *(관심. 기도)*를 선택하여 집행할 예정이다.

1) 은 전도에 대한 은사가 없는 자는 소외될 우려가 있다. 2)는 세속적인 이미지를 나타낼 우려가 있다. 그러나 3)에서 재정 투입은 없지만 신앙적인 성숙을 가지게 할 수 있는 방안이다. 1년에 몇 차례 특별 절기를 통하여 전교인 기도회를 가질 수 있을 것이다.

5) 대안의 집행과 평가

집행 과정에서 고려할 요인은, 계획안이 설정된 목표에 부합하여 진행하는 측면을 살펴보는 것이다. 따라서 진행 과정의 중간을 점검하면서 이에 대한 시정 조치 *(feedback)*를 취하여야 한다. 그러므로 기획 과정 중에 설정된 일부 목표가 변경되거나 혹은 자원의 동원이 한계에 직면하게 될 때는 최종 목표 자체의 변화도 불가피하다.

원칙적으로 집행은 목표에 부합되게 하되, 집행 과정에서는 평가, 감시 *(통제)*, 시정 조치가 동시에 이루어져서 목표 달성을 이루도록 할 것이다. 평가는 기획의 완료 시에 하며 평가 기관 *(자체 기관)*에서 한다. 평가에 대한 결과는 순환 과정을 통하여 새로운 목표에 반영이 되게 할 것이다.

7. 성령 충만 체험 사례

┃ 성령 충만 체험 간증 설교 요약 ┃

제목 성결 그 순간 성령 충만(단 10:19)

본문은 다니엘이 민족의 문제를 품고 3주간 작정 금식 기도를 하던 중
마지막 21일째 되는 날 응답받은 말씀이다. 다니엘서 10장 19절이었다.
이 말씀 앞에서 하나님의 완전한 사랑이 내 속에 충만함을 체험하였다.

"은총을 크게 받은 사람이여, 두려워하지 말라 평안하라 강건하라 강건하라"

지금까지 체험하지 못했던 하나님의 사랑의 강도를 거부할 수 없었다.
100% 강력하고 충만하게 임하는 성령 충만 (성결 체험) 하게 된 것이다.

중생 이후 여전히 죄 가운데서 살아갈 수밖에 없는 한계를 절감하였다.
여러 가지 신앙적 노력들도 해봤지만 그때 뿐이고 지속성이 없었다.

신학교 졸업을 한 달 남겨놓았을 때였다.
여전히 신앙과 사역에 대한 확신도 뚜렷하지 않았다.

이런 신앙 상태로는 도저히 아무 것도 할 수가 없었다.

목회를 할 것인가 말 것인가?
세상에 목회하는 사람들이 많은데 꼭 나까지 해야 할까?
차라리 그냥 평신도로 신앙 생활 잘 하면 좋은 것 아닌가?
아직 목사안수를 안받았으니 포기할 기회가 있지 않는가?

하나님과의 관계가 확실하지 않으니까 회의감이 들었다.
모든 일에 자신감도 없었고 미래에 대한 두려움으로 가득 찼다.
이런 깊은 갈등과 고민을 하는 중에 갑자기 성경 속 야곱이 생각났다.
이 모든 문제를 끌어안고 하나님과 단판을 지어야겠다고 결심했다.

한 겨울 산 꼭대기에 위치한 작은 기도원으로 찾아갔다.
"죽으면 죽으리라" 심정으로 응답받을 때까지 금식하기로 하였다.
그리고 과거처럼 적당한 감동적인 은혜 체험이 아니라
100% 확실한 응답이 있을 때까지 내려오지 않기로 마음먹었다.

막상 올라갔지만 너무나 암담하고 답답하여 기도가 되질 않았다.
한편으로는 내 모습이 처량하고 한심하기도 하였다. 불안하고 두려웠다.
그때 하나님이 나에게 뭐라고 말씀하시는지 들어나 보자는 생각이 났다.
하나님의 확실한 응답을 기대하면서 창세기부터 읽기 시작했다.
금식과 함께 성경을 읽은 지 일 주일이 지났지만 아무 응답이 없었다.

나는 점점 힘이 빠졌다.

'차라리 이렇게 조용히 죽는 게 낫겠다' 라는 생각이 들었다.

9일째 되는 날에 다니엘서를 읽기 시작하였다.

이때 성령님의 입재를 경험하게 된 상황을 자세하게 표현하면 이렇다.

다니엘을 읽으며 마음 깊은 곳에서 뜨거운 기운이 퍼지기 시작했다.

그러다 마침 10장 19절에 "은총을 크게 받은 사람이여" 말씀이 주어졌다.

이 말씀을 놓고 대략 두 시간 이상을 하나님과 대면(씨름?)하였다.

"은총"이라는 말씀에서... "크게"라는 말씀에서...

이 말씀이 정말 100% 내게 주신 말씀인가 확인하는 씨름이었다.

오랜 씨름 끝에 확실하게 내게 주신 말씀이라는 사실이 믿어졌다.

처음에는 감동, 감격, 기쁨, 감사, 행복, 회개, 은혜가 나를 사로잡았다.

그래서 울고 또 울고, 밖에 나와서 또 울고 다시 와서 우는 것만 반복했다.

그런 와중에도 냉정함을 잃지 않으려고 애를 썼다.

그래서 의지적으로 거절의 반응을 보였다.

"주님, 내가 지금까지 이런 유사한 체험을 한 두 번 한 것이 아닙니다.

　아시잖아요. 그런데 모두 다 그때뿐이었고, 하나님의 사람답게 살지 못하고

　죄를 짓는데 그 전과 똑같은 생활이 반복되었잖아요. 그러니 지금

　이런 정도의 감동만 가지고는 당신께 내 인생을 드릴 수 없습니다."

하나님의 은혜와 응답을 다시 확인하려고 하였다.

"이 정도로는 안돼요!" 소리치면서 성경을 덮어놓고 추운 날씨에

밖으로 나가서 내 얼굴을 때리면서 냉철함을 잃지 않으려고 하였다.

그러나 하나님은 밖에 있을 때나 안에 있을 때나 역시 똑같았다.

"내가 이 세상에서 너를 가장 사랑한다, 너는 은총을 크게 받은 자다" 라는 확신을

거절하면 할수록 더욱 더 강력하게 심어주고 있었다.

여기서 **"은총"**이란 보잘 것 없는 존재이지만,

할아버지가 손주를 엄청나게 사랑하듯이 사랑한다는 의미임을 깨달아졌다.

오랜 시간 동안 거절하는 씨름을 하였지만 결국 받아들일 수밖에 없었다.

이후 다시 방에 들어와 다음 말씀인

"두려워 하지 말라, 평안하라, 강건하라 강건하라"를 읽게 되었다.

그런데 또 다시 이전과 같은 일들(감사, 감동, 거절)을 반복하고 있었다.

이 말씀에서도 역시 대략 두 시간을 하나님과 씨름하였다.

그러나 결국 받을 수밖에 없었다. 이때 시간이 오후 3시경이었다.

그러니까 10장 19절 말씀을 나에게 직접적으로 주신 레마로 온전하게

받아들이기까지 대략 5-6시간을 하나님과 대화(씨름. 대면)를 한 것이다.

이 체험이 있은 후에 잠시 몸과 마음을 가다듬고 밖으로 나왔다.

또 다시 하나님의 더 큰 은혜가 임했다.

"내 사랑하는 아들아, 네가 지금 보고 느끼고 있는

이 모든 것(공기, 구름, 참새, 바람, 소나무, 바위...)이 내가 너를 사랑하기에

너를 위하여 내가 만들어 놓은 것이란다" 라는 음성이었다.

도대체 이게 무슨 말인가? 지금까지 살면서 단 한 번도 이 모든 것들은

나와 관계없이 하나님의 보편적인 창조물들로만 생각했었다.

나를 위해 하나님께서 조성했다는 사실은 생각해 본 적이 없었다.

그럼에도 계속해서 하나님은 말씀하셨다.

"아들아, 내가 이 정도로 너를 소중하게 여기고 사랑한단다."

이 말씀 앞에서 나는 또 한 번 차가운 산 자락 자리에 푹 주저앉고 말았다.

하나님께서 이렇게 까지 나를 생각하시고 사랑하시다니!

나를 사랑하사 모든 것을 조성해 놓으셨건만,

나는 지금까지 단 한번도 감사 해 본적이 없었구나!

하나님께 얼마나 죄송하고 미안한 마음이 드는지 면목이 없었다.

이때 또 다른 차원의 회개와 동시에 철저한 감사의 기도를 하였다.

그리고 이 과정에서 동시에 더 깊이 깨닫게 하신 것이 있다.

하나님은 나 뿐 아니라 모든 사람을 다 사랑하신다는 사실이다.

온종일 성령에 이끌려 말씀과 자연으로 하나님과 깊은 대화를 하였다.

특별히 **"두려워하지 말라 평안하라 강건하라 강건하라"**

이 말씀은 나의 기질까지도 적극적이고 담대하게 완전히 변화시켰다.

나를 이처럼 귀히 여기고 사랑하는 분이 내 아버지라는 사실 때문이다.

이러한 성령 충만의 체험을 한 후에 수십 년이 지났다.

지금까지도 마음 속에서부터 열정(Passion)적인 목회를 하게 하신다.

세상을 사랑하는 마음이 생기고, 말씀을 전하는 것이 항상 설렌다.

영혼을 구원하는 일이 가장 행복하고, 하나님을 기쁘시게 하고 싶다.

짧은 인생을 살면서 신자에게 향하신 하나님의 명령이요 뜻이 있다.

바로 **성결의 체험** 즉 제 2의 은혜인 성령의 충만함을 받는 것이다.

성령이 충만하면 권능을 받아서 하나님 나라 확장에 쓰임 받는 삶이 된다.

"오직 성령이 너희에게 임하시면 너희가 권능을 받고

 예루살렘과 온 유대와 사마리아와 땅 끝까지 이르러 내 증인이 되리라"

성령 충만체험으로 얻은 권능은 힘이고 능력이고 동력이고 담대함이다.

1단계에서 지역의 예루살렘 유대 사람들을 사랑할 수 있는 담대함이다.

2단계에서 이방인 사마리아 사람들에게 말씀을 전할 수 있는 능력이다.

3단계에서 세계 열방의 땅 끝까지 전도할 수 있는 식지 않는 열정이다.

그 결과 하나님 나라 확장을 위한 주님의 증인으로 쓰임 받을 수 있다.

8. 행정 목회 코칭연구원 안내

▌Administration Ministry Coaching Reserch Guide ▌

● **설립 목적**　1) 작은 교회 목회자를 살리고 교회를 회복시키고자 함.

　　　　　　　2) 교회 진단으로 행정을 코칭으로 목회에 적용하게 함.

　　　　　　　3) 중·대형교회 목회자들을 목회 코치로 세우고자 함.

● **설립 배경**

　40대 후반에 과감히 중형교회를 내려놓고 30평 상가에 개척하였다.

　교회 설립 2년 만에 500평의 대지 위에 400평 교회를 건축하였다.

　목회와 신학에서 교회 자립, 회복, 성장의 원리와 실제를 발견하였다.

　성경적, 신학적, 경험적으로 3단계 행정 목회와 코칭이 Master Key이다.

　이후 다양한 목회적 환경에 있는 목회자를 대상으로 사역하고 있다.

　그 결과 이 원리와 실제를 적용한 목회자와 교회들이 회복되고 있다.

　이런 동기로 목회에 선교적 비전을 품고 2019년 10월에 개원하였다.

● **특징 내용**

　1) 목회 사역 원리에 근거하여 실제 적용 행정과 코칭의 도구로 해결

　2) 교회 진단을 시작으로 맞춤형 행정 실습 코칭과 토론 방식의 진행

　3) 두 종류 진행 전체 세미나 형식과 소그룹 강의와 실습 코칭 방식

행정목회 코칭 종합설계도

구분	진단	1단계	2단계	3단계
교회	교세상황	작은교회	중소형교회	중대형교회
	목회진단	사랑목회	말씀목회	사역목회
	교회모습	애굽	광야	가나안
목회자	삼중직	제사장	선지자	왕
	목사역할	부모	선생	친구
	목회자세	목양자	설교자	지도자
평신도	신자진단	어린아이	청소년	성인
	인간존재	육에 속한 자	혼에 속한 자	영에 속한 자
	신자구분	교인	신자	성도
	신자마음	한 마음(세상)	두 마음	한 마음(하나님)
	인격구분	정적	지적	의지적
	나무성장	씨앗, 뿌리	잎사귀, 줄기	열매
말씀	설교내용	젖	밥	고기
	설교전달	답	해석	질문
사역	삼위일체	하나님	예수	성령
	행정력	코이노니아	연합	자율적
	코칭방향	개인	개인과 그룹	그룹
	목회방향	섬김	양육	증식
	예배의식	축제	경배	삶
	목회비중	3-2-1	2-3-1	1-2-3

목회
마스터키
3단계 행정 목회 코칭

초판발행 2023년 11월 27일
지 은 이 박운암 목사
발 행 처 도서출판 지혜로운
출판등록 2011년 11월 10일 제327-2011-08호
주　　소 부산광역시 북구 의성로122번길 27
연 락 처 010.2775.0191
이 메 일 pppcge0191@naver.com

ISBN 979-11-86247-11-2